中国出版"走出去"重点图书出版计划立项
北大主干基础课教材立项
北大版对外汉语教材·商务汉语技能系列

新丝路
New Silk Road Business Chinese
商务汉语考试仿真模拟试题集 I

李晓琪　　主　编
李海燕　林　欢　崔华山　　编　著

北京大学出版社
PEKING UNIVERSITY PRESS

图书在版编目(CIP)数据

新丝路.商务汉语考试仿真模拟试题集 I/李晓琪主编.—北京:北京大学出版社,2007.1
(北大版对外汉语教材·商务汉语技能系列)
ISBN 978-7-301-11525-1

Ⅰ.新… Ⅱ.李… Ⅲ.商务－汉语－对外汉语教学－水平考试－习题 Ⅳ.H195.4

中国版本图书馆 CIP 数据核字(2007)第 001886 号

书　　　　名:	新丝路——商务汉语考试仿真模拟试题集 I
著作责任者:	李晓琪　主编
责 任 编 辑:	张进凯
标 准 书 号:	ISBN 978-7-301-11525-1/H·1727
出 版 发 行:	北京大学出版社
地　　　　址:	北京市海淀区成府路 205 号　100871
网　　　　址:	http://www.pup.cn
电　　　　话:	邮购部 62752015　发行部 62750672　编辑部 62754962　出版部 62753374
电 子 邮 箱:	zpup@pup.pku.edu.cn
印 刷 者:	北京飞达印刷有限责任公司
经 销 者:	新华书店
	889 毫米×1194 毫米　16 开本　12.75 印张　306 千字
	2007 年 1 月第 1 版　2007 年 10 月第 2 次印刷
印　　　　数:	3001～6000 册
定　　　　价:	40.00 元(含 1 张 MP3)

未经许可,不得以任何方式复制或抄袭本书之部分或全部内容。
版权所有,侵权必究　举报电话:010－62752024
电子邮箱:fd@pup.pku.edu.cn

前　言

商务汉语考试是为测试第一语言非汉语者从事商务活动所应具有的汉语水平而设立的标准化考试，由中国国家汉语国际推广领导小组办公室委托北京大学研制开发，英文名称为 Business Chinese Test，简称 BCT。

商务汉语考试考查应试者在商务活动及其与商务有关的生活社交活动中运用汉语进行实际交际的能力。

商务汉语考试自2006年10月在新加坡正式推出以来，受到广泛的关注和欢迎。商务汉语考试的主要特色是实用性和交际性强，考试题型新颖多样。为了帮助广大的商务汉语学习者快速有效地提高商务汉语水平和听、说、读、写技能，帮助应试者熟悉考试题型，我们编写了大型系列商务汉语教材"新丝路"。希望这套教材能成为沟通中外的新的"丝绸之路"，为学习商务汉语的外国人铺设一条通衢大道。

"新丝路"系列教材共16册，分两个子系列。

系列一，综合系列商务汉语教程，共8册。本系列根据任务型教学理论进行设计，按照商务汉语功能项目编排，循序渐进，以满足不同汉语水平的人学习商务汉语的需求。初级2册，以商务活动中简单的生活类任务为主；中级4册，包括生活类和商务类任务，基本覆盖与商务汉语活动有关的主要功能；高级2册，选取真实的商务语料编写，并着意进行听说读写的集中教学。

系列二，技能系列商务汉语教材，共8册，其中听力教材2册，阅读教材2册，口语1册，写作1册，此外还包括商务汉语考试（BCT）模拟试题集2册。各册既有不同技能的侧重点，同时也注意相互间的配合。本系列教材将针对新近推出的商务汉语考试的各项语言技能进行系统集中训练，使学习者能够根据自己的实际需求快速提高某方面的语言技能。商务汉语分技能系列教材的特点是设计理念新、实用性强、覆盖面广（与商务活动有关的生活类、商务类功能都涉及到），是一套在第二语言教材编写理论指导下编写的新型系列教材。

本书是国内外出版的第一本BCT模拟试题集。下面对具体编写情况做简要说明。

编写目的：

1. 通过本书，可以帮助BCT应试者了解、适应、熟悉BCT的试卷构成和试题类型，帮助他们在考试中取得更好的成绩。

2. 通过本书习题的练习，可以帮助学习者提高商务汉语的听、说、读、写水平。

命题依据：

编写模拟试题集的主要依据是《商务汉语考试大纲》（中国国家汉语国际推广领导小组办公室和北京大学商务汉语考试研发办公室编制，北京大学出版社，2006年8月）。编写者认真钻研商务汉语考试的试题特点及大纲附录《商务汉语交际功能项目》和《商务汉语常用词语表》，根据商务汉语考试的特点以及编者从事商务汉语教学的实际经验，精心选取商务环境中的真实语料，注意语料的覆盖面，坚持语料的规范性、针对性和时代感。由于试题的特殊性，不便在书中一一注出语料来源，特此说明，在此谨向语料的原作者表示敬意和感谢！

编写体例：

1. 本书共四套完整的BCT模拟试卷，每套都包括商务汉语考试（听·读）卷和商务汉语考试（说·写）卷。在BCT考试中，（听·读）卷和（说·写）卷是分开进行的，考生可根据自己的情况选做。

2. 全部听力试题和口试引导语均配有录音，并附有文字材料。

3. 所有试题都附有答案，特别是（说·写）卷的主观试题都编写了参考答案，以使考生更好地了解口试和写作试题的要求和规范，更快地提高口试和写作水平。

感谢北京大学出版社，感谢沈浦娜、张进凯老师，在他们的支持和配合下，此书得以顺利如期出版。

在本试题集编写过程中，每道题都经过编写者反复讨论和修改。尽管如此，限于编者水平，疏漏和不足之处仍在所难免，我们真诚希望得到使用者的批评指正。

编 者

2006年11月

目 录

商务汉语考试（听·读）模拟试卷（一）..1
    商务汉语考试（听·读）试卷..1
    商务汉语考试（听·读）答卷..24
    商务汉语考试（听·读）模拟试卷（一）听力录音文本..26
    商务汉语考试（听·读）模拟试卷（一）答案..40

商务汉语考试（说·写）模拟试卷（一）..41
    商务汉语考试（口语）试卷..41
    商务汉语考试（口语）答卷（磁带卡）..43
    商务汉语考试（口语）模拟试卷（一）引导语录音文本..44
    商务汉语考试（写作）试卷..45
    商务汉语考试（写作）答卷..46
    商务汉语考试（说·写）模拟试卷（一）参考答案..49

商务汉语考试（听·读）模拟试卷（二）..51
    商务汉语考试（听·读）试卷..51
    商务汉语考试（听·读）答卷..78
    商务汉语考试（听·读）模拟试卷（二）听力录音文本..80
    商务汉语考试（听·读）模拟试卷（二）答案..92

商务汉语考试（说·写）模拟试卷（二）..93
    商务汉语考试（口语）试卷..93
    商务汉语考试（口语）答卷（磁带卡）..95
    商务汉语考试（口语）模拟试卷（二）引导语录音文本..96
    商务汉语考试（写作）试卷..97
    商务汉语考试（写作）答卷..98
    商务汉语考试（说·写）模拟试卷（二）参考答案..101

商务汉语考试（听·读）模拟试卷（三）..103
    商务汉语考试（听·读）试卷..103
    商务汉语考试（听·读）答卷..126
    商务汉语考试（听·读）模拟试卷（三）听力录音文本..128
    商务汉语考试（听·读）模拟试卷（三）答案..140

商务汉语考试（说·写）模拟试卷（三） ………………………… 141
商务汉语考试（口语）试卷 ……………………………………… 141
商务汉语考试（口语）答卷（磁带卡） ………………………… 143
商务汉语考试（口语）模拟试卷（三）引导语录音文本 ……… 144
商务汉语考试（写作）试卷 ……………………………………… 145
商务汉语考试（写作）答卷 ……………………………………… 146
商务汉语考试（说·写）模拟试卷（三）参考答案 …………… 149

商务汉语考试（听·读）模拟试卷（四） ………………………… 151
商务汉语考试（听·读）试卷 …………………………………… 151
商务汉语考试（听·读）答卷 …………………………………… 174
商务汉语考试（听·读）模拟试卷（四）听力录音文本 ……… 176
商务汉语考试（听·读）模拟试卷（四）答案 ………………… 188

商务汉语考试（说·写）模拟试卷（四） ………………………… 189
商务汉语考试（口语）试卷 ……………………………………… 189
商务汉语考试（口语）答卷（磁带卡） ………………………… 191
商务汉语考试（口语）模拟试卷（四）引导语录音文本 ……… 192
商务汉语考试（写作）试卷 ……………………………………… 193
商务汉语考试（写作）答卷 ……………………………………… 194
商务汉语考试（说·写）模拟试卷（四）参考答案 …………… 197

商务汉语考试（听·读）模拟试卷（一）

商务汉语考试

(听·读)

试 卷

注 意 事 项

一、考试包括两项内容：
    1. 听力（50题，约40分钟）
    2. 阅读（50题，60分钟）
    考试约需100分钟。

二、注意试题的说明，按照说明的要求回答问题。

三、答案必须写在答卷上。做选择题时，请用铅笔在答卷中涂黑代表正确答案的字母，每题只能涂黑一个字母，如：[A][■][C][D]。多涂作废。请注意，字母一定要涂得粗一些，重一些。做填空或简答题时，请将答案写在答卷的横线上。

四、请在规定的时间内做相应的试题。

五、遵守考场规则，听从主考的指令。考试结束后，请把试卷和答卷放在桌上，等监考人员收回、清点无误后，才能离场。

中国　北京　　　　　　　　　　　　中国国家汉语国际推广领导小组办公室

一、听 力

（50题，约40分钟）

第一部分

说明：1—12题，在这部分试题中，每一题你将听到一个人问一句话，另一个人说出 ABC 三种应答。请你选出最恰当的应答。问话和应答都没有印在试卷上，只播放一遍。

例如：第 5 题：你听到一个人问：……

你听到另一个人应答：……

最恰当的应答是 A. 王经理。你应该在答卷上涂 [■] [B] [C]。

1. A.   B.   C.

2. A.   B.   C.

3. A.   B.   C.

4. A.   B.   C.

5. A.   B.   C.

6. A.   B.   C.

7. A.   B.   C.

8. A.   B.   C.

9. A.   B.   C.

10. A.   B.   C.

11. A.   B.   C.

12. A.   B.   C.

第二部分

> 说明：13—32题，在这部分试题中，你将听到20段简短的对话或讲话。每段录音只播放一遍。请你一边听一边根据试卷上的提问从ＡＢＣＤ四个选项中选择最恰当的答案。
>
> 例如：你在试卷上看到第15题的问题和四个选项：
>
> 　　15. 这位女士想下调多少？
> 　　　　A. 5%　　　　B. 10%　　　　C. 15%　　　　D. 20%
>
> 你听到：……
>
> 最恰当的答案是C。你应该在答卷上涂[A] [B] [■] [D]。

13. 出租车的车牌号码可能是哪个？

14. 一品饭店在哪儿？

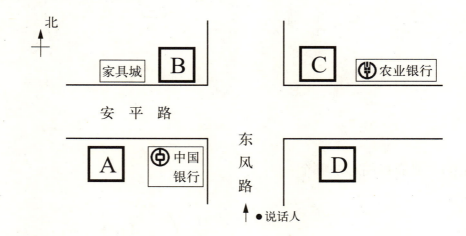

15. 关于明年房价走势，下面哪幅图是正确的：

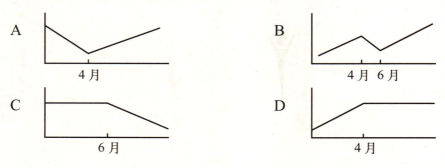

16. 中标的建筑方案是哪个？

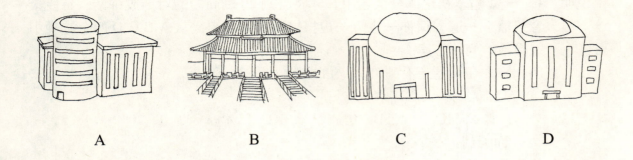

A　　　　　B　　　　　C　　　　　D

17. 他们将要开发的新产品是什么？

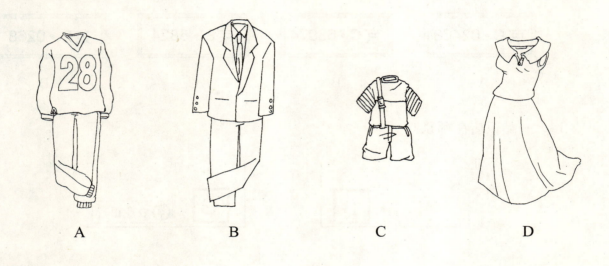

A　　　　　B　　　　　C　　　　　D

18. 修改后的注册商标图形是哪个？

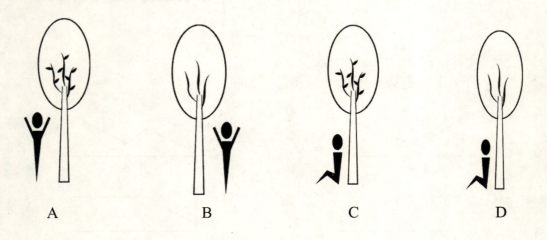

A　　　　　B　　　　　C　　　　　D

19. 哪位是第一任总经理？

20. 女士选择租用的办公地点是哪幅图？

A

B

C

D

21. 后天天气情况怎么样？
    A. 阴天   B. 晴天
    C. 有小雨   D. 小雨转晴

22. 目前投诉最多的商品依次是：
    A. 手机、汽车、房地产   B. 手机、房地产、汽车
    C. 房地产、手机、汽车   D. 房地产、汽车、手机

23. 他们最后决定几天之内交出样品？
    A. 5天   B. 7天
    C. 9天   D. 10天

24. 第一笔订单的价钱是多少？
   A. 2000元   B. 5000元
   C. 20000元   D. 25000元

25. 女士总去那家咖啡屋最主要的原因是：
   A. 咖啡味道好   B. 环境舒适
   C. 服务周到   D. 可以免费上网

26. 不合格化妆品的主要问题是：
   A. 质量差   B. 没有标净含量
   C. 不符合卫生标准   D. 没有标注生产日期

27. 热水器可能在哪方面有问题？
   A. 设计问题   B. 材料问题
   C. 耐久性能   D. 制作过程

28. 男士打算采取什么方式解决资金问题？
   A. 追讨欠款   B. 银行贷款
   C. 寻找风险投资   D. 推销库存货品

29. 女士的意思是：
   A. 愿意留在公司   B. 要有冒险精神
   C. 她想再考虑一下   D. 不赞成投资计划

30. 李春上网的目的是：
   A. 打网络游戏   B. 上网聊天
   C. 查看信息   D. 招聘员工

31. 女士要干什么？
   A. 登招聘广告   B. 交纳保险费
   C. 要回保证金   D. 追查骗子公司

32. 新网的股价最后达到了多少美元？
   A. 27   B. 35
   C. 100   D. 122

第三部分

说明：33—42题，在这部分试题中，你将听到几段比较长的对话或讲话。每段只播放一遍。请你一边听一边根据试卷上的提问从ＡＢＣＤ四个选项中选择最恰当的答案。答案请涂在答卷上。

33—35题

33．谈话的主要内容是：
    A. 分析销售情况   B. 想办法增加销售量
    C. 调查市场情况   D. 怎样提高产品质量

34．设计部王经理的想法是：
    A. 处理酒瓶   B. 回收酒瓶
    C. 赠送纪念品   D. 设计有特色的包装

35．采用新企划案以后，产品会怎么样？
    A. 质量大幅提高   B. 价格大幅降低
    C. 利润保持原来水平   D. 结果很难预料

36—38题

36．电视节目的主要内容是：
    A. 数码家电降价风潮   B. 电器卖场的销售情况
    C. 装修公司的促销活动   D. 厨卫电器用品降价

37．大中电器城厨卫产品降幅一般是多少？
    A. 10%   B. 15%
    C. 20%   D. 30%

38．各个电器商场什么时候降价最厉害？
    A. 现在   B. 9月和10月
    C. 11月   D. 12月

39 — 42 题

39. 关于赵先生的茂发纺织品进出口公司，下面哪句话是错的？
 A. 最近的业务量降低了很多
 B. 做服装进出口已近 10 年
 C. 最主要的市场是欧美市场
 D. 开发了新产品，赚了一大笔钱

40. 赵先生对公司将来的业务情况：
 A. 非常担心
 B. 充满希望
 C. 很有信心
 D. 十分乐观

41. 造成公司利润损失的一个主要原因是：
 A. 欧洲市场配额取消
 B. 海外昂贵的仓储费用
 C. 对方不按时付货款
 D. 海外货柜的商品受损

42. 公司和西班牙客户的生意本来可以获利：
 A. 3000 美元
 B. 6250 美元
 C. 一万美元
 D. 三四百万美元

第四部分

说明：43—50题，在这部分试题中，你将听到几段对话或讲话。每段只播放一遍。
请你一边听一边在横道上填写数字或汉字。

例如：你看到：

　　王刚，男，今年(46)_____岁，专业是(47)_____。

你听到……

你应该在(46)后面写"24"，在(47)后面写"计算机"。答案请写在答卷上。

43—45题

办理国际信用卡金卡的费用是(43)_____元，免息消费的还款期限最短是25天，最长是(44)_____天，需要带的证件材料是(45)_____的原件和复印件、工作证明原件和收入证明。

46—47题

从北京到南京的软卧车票：车次：Z59；开车时间：28号晚上9点；
票价：(46)_____元（含手续费）
取票时间：今晚8点；取票地点：(47)_____

48—50题

未来平板电视市场的发展趋势有：
1. 市场需求保持旺盛，(48)_____需求变化大；
2. 更多区域市场发育，市场集中度开始减弱；
3. 产品趋于(49)_____。
4. (50)_____卖场成为平板电视的主流渠道。

听力考试结束。
不要提前翻看下一页，等主考下了指令以后再看下一页阅读。

二、阅 读

(50题，约60分钟)

第一部分

说明：51—72题，每段文字后面有一到几个问题，请选择最恰当的答案。答案请涂在答卷上。

51题

> **优惠券** No.013133308
>
> 凭此票可在原零售价基础上享受8.5折优惠。
>
> （有效期为2006年7月—2007年1月）

51. 用这张优惠券购买原价100的商品时实际付多少钱？
   A. 8.5元   B. 15元
   C. 70元   D. 85元

52题

> **社区家电维修**
>
> 电话预约，上门服务
> 电话：66458067
> 先议后修，免收上门费，回收旧电器。

52. 这张小广告告诉大家：
   A. 可以免费修门   B. 可以收购旧家电
   C. 上门服务要加钱   D. 先交钱后修理

53题

> **顾客就餐卡使用注意事项：**
> 1. 本卡只限在永安食府消费使用。
> 2. 本卡不记名，不挂失，请妥善保管。
> 3. 本卡不可透支，可随时存储待消费款。
> 4. 有效期2007年8月20日止。过期作废。

53. 关于这张卡的使用，下面哪句话是对的？
    A. 只能本人使用　　　　　B. 丢失后不能补办
    C. 不能多次往卡里存钱　　D. 卡里钱不够时也能消费

54题

```
          图书大厦销售小票
收银员：105          2006-09-06  16：54
序号    单价    数量    折扣    金额
----------------------------------------
7801    45.00    1      11.25   33.75

应收：45.00   实收：33.75   优惠：11.25
现金：33.75   实付：35.00   找零：1.25
----------------------------------------
请当面点清钱物       保留好此小票
如有问题叁日内凭此票退换货
```

54. 顾客实际花了多少钱？
    A. 11.25元　　　　　　　B. 33.75元
    C. 35.00元　　　　　　　D. 45.00元

55题

> **启　事**
> 华宇办事处迁址公告
>
> 自2006年9月10日起，华宇办事处正式迁往朝阳区南里办公。邮政编码：100031
> 咨询电话：62375896　　　传真：62375898
> 华宇总公司
> 　　　　　　　　　　2006年9月1日

55．华宇办事处：
　　A. 要搬家了　　　　　　B. 正式成立了
　　C. 开办了新业务　　　　D. 改换了名称

56题

56．李明请张经理
　　A. 参加会议　　　　　　B. 关闭手机
　　C. 晚上吃饭　　　　　　D. 立刻回信

57—58题

头孢克洛胶囊

[成分] 头孢克洛
[性状] 胶囊剂，内容物为白色至淡黄色粉末。
[适应症] 主要用于由敏感菌所致呼吸系统、耳鼻喉科及皮肤、软组织感染等。
[用法用量] 口服：成人常用量一次0.25g，一日3次。严重感染患者剂量可加倍。单日最大用量为1.5g。本品宜空腹口服。两周一个疗程，最短不少于一周。
[不良反应] 详见说明书。
[注意事项] 儿童禁用，体质过敏者慎用。
[规格] 0.25g/粒
[包装] 6粒/板。每盒一板。
[贮藏] 遮光，密封，在凉暗干燥处保存。
[批准文号] 国药准字H53021941

57. 病人最多每天可以服用的总量是：
    A. 3粒　　　　　　　　B. 6粒
    C. 9粒　　　　　　　　D. 2粒

58. 下面哪种做法是正确的？
    A. 饭前吃药　　　　　　B. 把药放在太阳光下
    C. 给小孩吃这个药　　　D. 服用3天就可以了

59—60题

活动规则
◆ 参加洗衣机试用活动的消费者，需要填写完整的报名信息（姓名，身份证号，收入情况，电话，e-mail，家庭生活照一张，个人生活理念）。
◆ 九位被选中者参加试用活动时需提供个人身份证原件及复印件、试用保证金（产品市场价格的40%）。
◆ 每位试用者试用时间为7天。试用期间，三星安排专人去试用者家中拍摄试用情况，使用者有机会在三星洗衣机新品发布会现场介绍试用体会，拍摄资料版权归三星所有。
◆ 试用期结束后，试用者可以按照试用机型市场价格的50%购买所试用机型；或退回产品，三星退回使用保证金。
◆ 凡参与活动的消费者，均可参加抽奖，有机会抽取精美礼品一份。
◆ 此活动仅限北京地区用户。
◆ 本活动最终解释权归三星所有。

59. 如果试用产品的市场价为2000元，试用者需要先交多少钱？
   A. 400元　　　　　　　　　B. 800元
   C. 1000元　　　　　　　　 D. 1200元

60. 试用者从活动中得到的好处是：
   A. 每个人都有精美礼品　　　B. 拥有拍摄的影像资料版权
   C. 长期免费使用洗衣机　　　D. 半价购买试用的洗衣机

61—62题

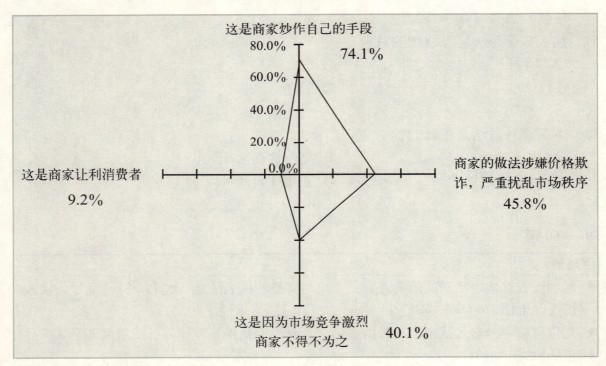

61. 认为商家促销对消费者有好处的比例是：
   A. 9.2%　　　　　　　　　 B. 40.1%
   C. 45.8%　　　　　　　　　D. 74.1%

62. 大多数消费者认为商家常年促销：
   A. 可以理解　　　　　　　　B. 是为了扩大影响
   C. 有利于消费者　　　　　　D. 不利于稳定市场

63—64题

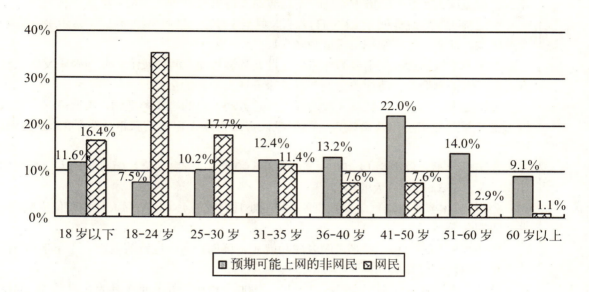

图　预期可能上网的非网民与网民年龄状况

63．目前上网最多的人群年龄在：
A. 18 岁以下　　　　　　　　　B. 18－24 岁
C. 25－30 岁　　　　　　　　　D. 41－50 岁

64．将来可能上网的人中，哪个年龄段的最多？
A. 18－24 岁　　　　　　　　　B. 41－50 岁
C. 51－60 岁　　　　　　　　　D. 60 岁以上

65—68题

据香港特区政府新闻网报道，香港失业率维持5.7%，就业不足率则降至2.7%。总就业人数增至逾338万人的历史高位，而总劳动人口也升至360万人的新高。

香港特区政府统计处今天(20日)公布，截至8月底，失业率维持在5.7%水平，是46个月低位；就业不足率则较二季度微降0.1个百分点，至2.7%。

失业率下跌的行业，主要为建造业、批发及零售业、酒楼及酒店业与娱乐及康乐服务业；抵消了制造业、清洁服务业与教育服务业失业率的上升。

统计处表示，由于总就业人数的增长被总劳动人口的增长所抵消，失业情况大致保持平稳。虽然新毕业生及离校人士继续投入劳工市场，但他们获市场吸纳的比例已有增加。

今年总就业人数增约14 400人，至3 386 000人的历史高位；而总劳动人口则增约13 900人，至3 602 000人的新高。

8月份整体劳工市场气氛保持良好。劳工处月内收到46 619个私人机构职位空缺，较去年同期升58%。

该处8月内协助10 589名求职者成功就业，再创新高；也较前高位，即今年6月份的9 761人提升8.5%。

青少年见习就业计划至今已接到超过14 000个申请。劳工处将灵活处理申请，确保来者不拒。

65. 第二季度就业不足率是：
A. 2.6% B. 2.7%
C. 2.8% D. 5.7%

66. 失业率维持不变的原因是：
A. 就业情况没有变 B. 新毕业生不被市场吸纳
C. 失业人数增加，劳动总人口减少 D. 总就业人口和总劳动人口增幅一致

67. 目前总劳动人口达到：
A. 13900 B. 14400
C. 3386000 D. 3602000

68. 向劳工处提出的见习就业申请：
A. 都可以被接受 B. 一般会被拒绝
C. 小部分会被接受 D. 很难被接受

69—72题

> 《财富》(中文版)近日第二次公布年度"中国内地最佳商务城市"调查结果，上海、北京和深圳依然位列三甲，而东莞挤掉成都，首次跻身前十位。
>
> 本次调查标准主要包括商务环境、商务成本、劳动力供应和生活质量。与去年相比，今年上榜的前十名城市中新面孔不多，仅东莞一家，长江三角洲计有上海、苏州、杭州和宁波入选。今年前三名城市没有变化，但苏州、杭州和宁波这三座城市排名均有不同程度的下降。
>
> 这是《财富》(中文版)第二次举办针对中国内地商务城市的调查。此次调查候选的40个中国内地城市主要来自《财富》(中文版)年度外商投资调查、世界银行及联合国相关机构对中国内地城市投资环境的评级，并参考《中国城市年鉴》、《中国统计年鉴》和《中国城市建设统计年鉴》所引用的相关城市国内生产总值数据。近25 000名《财富》(中文版)的经理人读者参加了调查。
>
> 《财富》(中文版)自1996年进入中国，2005年发行量超过140 000份，是中国高级经理人的首选读物之一。该书经时代公司独家授权，由中询公司出版，《财富》及《财富》(中文版)为全球最大的娱乐和媒体集团时代华纳下属的时代公司在全球的注册商标。

69. 这一次中国内地最佳商务城市是：
   A. 上海   B. 北京
   C. 深圳   D. 东莞

70. 这一次《财富》(中文版)调查的最佳商务城市中没有：
   A. 苏州   B. 杭州
   C. 宁波   D. 成都

71. 确定候选商务城市的依据不包括：
   A. 外商投资调查   B. 国内生产总值数据
   C. 城市规模的大小   D. 投资环境的评级

72. 关于《财富》(中文版)，哪句话是对的？
   A. 累计发行140 000份
   B. 是全球最大的中文商务媒体
   C. 两年进行一次这样的调查
   D. 很受中国高级经理人欢迎

第二部分

说明：73—84题，每段文字中有若干个空儿，每个空儿右边有ＡＢＣＤ四个词语，请选择最恰当的词语。答案请涂在答卷上。

73—78题

经常坐火车长途旅行的人，大都有这样的苦恼，__(73)__ 在列车上不能看电视和上网。现在，一种列车综合无线网络系统，解决了这一难题。

73．A．不是　　B．就是　　C．而是　　D．可是

这些悬挂在列车车厢里的电视，看__(74)__ 与普通的列车电视没有什么区别，仔细观察您会发现，在屏幕的下方可以像家里的电视那样，滚动播出新华社等媒体的实时信息。另外如果您出行时带上笔记本电脑，在这里还可以轻松地上网浏览信息，玩游戏。据了解，目前全国已有20趟列车__(75)__ 了这套系统。

74．A．上去　　B．下去　　C．进去　　D．上来

75．A．调整　　B．实现　　C．进行　　D．安装

__(76)__ 清华亿品媒体技术研究所副所长邵晓风介绍，每一列火车上的投入应该是五六十万元。

76．A．以　　　B．从　　　C．据　　　D．为

与投入相比，它的__(77)__ 似乎更吸引人。这套系统可以允许300名旅客同时上网，按每人20元上网费计算，每趟列车运行一次的上网费可以达到6000元，__(78)__ 加在电视节目中的广告费，保守的计算每列车每年也会达到100万元。而我国现有列车2000多列，每年会有超过15亿人次乘坐火车出行。

77．A．赚钱　　B．收益　　C．出口　　D．价格

78．A．和　　　B．并　　　C．而　　　D．即

79—84题

新华网南昌9月20日电　在此间举行的台湾知名连锁品牌南昌推介会的新闻发布会上，台湾连锁加盟促进协会理事长王国安介绍说，台湾连锁业在大陆发展态势___(79)___，目前已有80%的台湾知名连锁品牌进驻大陆，开设连锁店已达1万多家。

79．A．良好　　B．缺乏　　C．不足　　D．缓慢

王国安说，连锁业在台湾___(80)___近20年的发展，现有1200多个加盟连锁总部，8万家连锁店，业种多达196种。随着两岸经贸关系的不断___(81)___，台湾不少知名连锁品牌都进驻大陆而且取得了良好发展。

80．A．达到　　B．经过　　C．过了　　D．度过

81．A．增加　　B．提高　　C．友好　　D．加强

昌台商贸服务业投资环境说明会暨台湾知名连锁品牌(南昌)推介会___(82)___南昌市委、市政府主办，定于9月24日至26日举行。___(83)___将有永和豆浆等27家台湾知名连锁企业参加推介会，涉及餐饮、教育、生活用品等多个领域。

82．A．经　　B．从　　C．由　　D．给

83．A．当时　　B．届时　　C．后来　　D．果然

台湾连锁加盟促进协会成立于1994年，是台湾地区___(84)___最大的连锁加盟协会，拥有200家连锁总部会员企业、6万多家海内外店铺，涵盖100多个业种。

84．A．种类　　B．规模　　C．销量　　D．效果

第三部分

说明：85—94题，每组有ABCD四段短小的文字材料，请判断哪个问题或句子分别与哪段材料有关系。答案请涂在答卷上。

85—89题

你们的分公司打算购买一辆汽车。请带着下面的问题查一下各类车辆介绍。

例如：哪款车的价格最高？　　最恰当的答案是B。

85．哪款车所获的奖项最多？
86．哪款车发动机采用了新的材料？
87．哪款车的轴距最大？
88．哪款车的车灯设计比较有特色？
89．哪款车的消费者定位是注重实惠的人群？

A　　福克斯	B　　第五代宝马新3系
这款车近年销量已逼近500万辆大关，并获得了75个奖项。拥有2640毫米轴距，1840毫米车身宽度，以及526升的后备厢容量，空间处于国内同级车最高水平。采用1.8升全铝合金发动机。在引进中国投产之后，必将成为丰田大众等巨头在华不得不重视的对手。预计价格：12万元-17万元。	发动机首次采用镁铝合金，重量比采用铝材时降低了30%。长、宽、轴距分别达到4.52米、1.81米和2.76米，较现有3系轿车体积变大，但车重没有明显增加，而车身强度提高了25%。目前，国产宝马3系价格在30万到35万之间，估计新3的预计价格：35万元-45万元。

C　　御翔	D　　F3
是现代汽车全新设计的车型，整体上比索纳塔车身尺寸有所增加，更具运动感。车身尺寸长、宽、高分别为4800mm、1832mm和1475mm，轴距为2730mm。内部空间显得相当宽阔。外形棱角分明，充满运动气息，前后车灯的锲形设计和略显棱角的轮廓线让人耳目一新。预计价格：19万元-24万元。	酷似花冠的外形，引来了人们广泛的关注。F3配备了1.6L排量的三菱4G18发动机。其后还将推出1.8L和2.0L的运动型轿车，竞争对手锁定为伊兰特等，目标客户定位于25至45岁的小企业主、公务员等消费理性、注重实惠的人群。新车在外观、内饰、配置等方面均不逊于对手。预计价格：8万元-10万元。

90—94题

请确定哪个句子和哪段文字有关系。

例如：城镇居民对现在的物价越来越不满意。 最恰当的答案是 A。

90．因为油价和房价太高，所以居民认为将来的物价会提高。

91．居民即期购房意愿增强了一点儿。

92．居民对未来增收信心明显提高。

93．居民储蓄意愿增强而消费意愿下降。

94．不同地方居民的购房计划有所不同。

A
调查显示，城镇居民对当前物价的满意程度降低。在今年物价涨幅逐渐回落情况下，居民对物价的满意度却逐季走低。

这主要是因为自年初以来国际市场原油价格飙升，受此影响，国内煤、电、油、运价格不断上涨，商品房价格又居高不下，居民对物价感到一定的忧虑。

对于未来物价的走势，有36.2%的居民预测物价上升，较上季提高3.7个百分点。

B
在当前物价和利率水平下，认为把钱存在银行里最合算的居民人数占比为37.9%，较上年同期提高4.5个百分点。

分析认为，一是居民的消费意愿低迷。本季认为消费最合算的居民人数占比为29.8%，较上年同期降低2.5个百分点；二是此次汇率改革人民币升值，居民对人民币的信心增强，不少居民将美元兑换成人民币，储蓄意愿被再次激发。

C
问卷调查显示，未来三个月准备购买住房的居民人数占比为19.6%，较上季提高0.5个百分点，略有回升，但从历史数据看，仍处低位。

以北京为例，本季调查未来三个月准备购房的居民人数占比为20%，在上季上升的情况下，本季又上升3个百分点。以上海为例，居民购房观望气氛浓厚，未来三个月准备购房的居民人数占比为7.3%，较上季下降3.7个百分点，创历史最低。

D
央行的本季调查称，城镇居民当季收入感受指数为14，较上季提高0.8，较上年同期提高2.1；居民未来收入信心指数为19.1，较上季提高1.9，较上年同期提高1.7。其中有24%的居民认为下季收入将增加，较上季提高1个百分点，较上年同期提高0.8个百分点；有4.9%的居民认为下季收入将减少，较上季和去年同期均降低0.9个百分点，居民的增收信心较强。

第四部分

说明：95—100题，读后写出简要的回答。每题的答案只能用1—10个字。答案请写在答卷上。

95—100题

请阅读《河北果汁、果奶饮料项目 招商引资》后回答下列问题。

例如：本招商项目中的产品是什么？　　　最恰当的答案是：果汁、果奶饮料

95．招商项目位于河北省哪个城市？
96．招商引资后计划的年产量是多少？
97．项目计划总投资是多少人民币？
98．项目投资的利润率是多少？
99．大概多长时间可以收回投资？
100．蓝猫饮品有限公司生产的名牌主导产品是什么？

河北果汁、果奶饮料项目招商引资

市场预测及项目建设的必要性：

　　蓝猫饮品有限公司生产的果汁果奶饮料系用当地无任何污染的野生酸枣等果品和统一收购灭菌的鲜牛奶，经先进技术提炼加工制作，不加任何色素和添加剂，是纯天然绿色饮品，营养丰富，因此深受市场欢迎，产品供不应求。目前公司现有的生产能力远不能适应市场的需求，扩大生产规模势在必行。

项目建设条件：

1. 项目建设地点位于遵化市西17公里的汤泉乡楼似山原富豪公司院内，交通便利，远离城区，厂区周边无污染源，且地下水水质纯净，自然环境优美。
2. 主要原料为野生酸枣等果品和鲜牛奶等农产品，可向当地农户收购，辅料为白糖、蜂蜜，市场供应充足。
3. 厂内原有水电设施可满足生产需要。

项目建设内容： 公司现有各种果汁年生产能力为12万吨，拟扩建到30万吨（其中：果奶10万吨、果汁20万吨）。需改建厂房15000平方米，购置生产设备186台（套）。

项目分类：食品轻工

所属地区：唐山

拟利用外资额：3518.07万美元

投资估算：项目总投资2.92亿元人民币(折3518.07万美元)

市场与经济效益分析：（1）年产各种系列饮料30万吨

（2）年销售收入15亿元人民币(折18072.23万美元)

（3）投资利润率32.58%

（4）投资利税率55.86%

（5）投资回收期约为6年到7年(含建设期2年)。

企业及管理团队概况：蓝猫饮品有限公司为我市农产品加工企业，现有职工1200人，其中工程技术人员125人，厂区占地200亩，建筑面积38000平方米，拥有总资产1.2亿元人民币(折1445.78万美元)。该公司生产的产品主要有野生酸枣汁、安梨汁、葡萄汁、杏仁露等十大系列20多个品种果汁果奶饮料，其主导产品蓝猫牌野生酸枣汁已获省名牌产品称号。该公司被省科委评为省科技型企业，被国家农业部评为"全面质量管理达标企业"，被唐山市政府命名为"农业龙头企业"。

通讯地址：河北省遵化市汤泉乡

联系人：张井印

电话：0086-315-6956698/6956681

邮编：064200

E-MAIL：webmaster@zunhua.gov.cn

阅读考试结束。

商务汉语考试（听·读）答卷

商务汉语考试（听·读）答卷

商务汉语考试（听·读）模拟试卷（一）听力录音文本

第一部分

> 说明：第1到第12题，在这部分试题中，每一题你将听到一个人问一句话，另一个人说出ＡＢＣ三种应答。请你选出最恰当的应答。问话和应答都没有印在试卷上，只播放一遍。
>
> 例如：
> 　　第5题：你听到一个人问：您好，请问您找谁？
> 　　　　　你听到另一个人回答：A. 王经理。
> 　　　　　　　　　　　　　　　B. 我去找他。
> 　　　　　　　　　　　　　　　C. 请您问吧。
>
> 最恰当的应答是A. 王经理。你应该在答卷上涂黑A。好，现在我们开始做第1题。

第1题：
　　男：张经理明天能来上班吗？
　　女：A. 他没来。
　　　　B. 能办好。
　　　　C. 应该可以。

第2题：
　　男：银行周六周日几点关门？
　　女：A. 四点半。
　　　　B. 周日开门。
　　　　C. 门关好了。

第3题：
　　女：公司年末放多长时间假？
　　男：A. 有时间。
　　　　B. 放假了。
　　　　C. 大概一周。

第 4 题：

女：你们打算哪天离开这儿？

男：A. 离得很远。

　　B. 还没决定。

　　C. 我喜欢这儿。

第 5 题：

女：咱们点了两个热菜，再来一个辣的怎么样？

男：A. 都很好吃。

　　B. 行，不要太辣。

　　C. 是挺辣的。

第 6 题：

女：师傅，能不能开快一点儿？

男：A. 有点儿慢。

　　B. 他很能干。

　　C. 我尽量吧。

第 7 题：

女：您觉得这个新的设计方案怎么样？

男：A. 还不错。

　　B. 计划好了。

　　C. 我知道了。

第 8 题：

女：这件礼物是谁送给您的？

男：A. 很漂亮。

　　B. 我很喜欢。

　　C. 客户送的。

第 9 题：

女：王总，这份文件给您放在哪儿好？

男：A. 给我吧。

B. 你找一找。

C. 都挺不错的。

第 10 题：

男：请问，总经理的办公室是哪一间？

女：A. 里边那间就是。

B. 他就是总经理。

C. 办公室挺大的。

第 11 题：

男：对方公司的传真号是多少？

女：A. 不是真的。

B. 一共十二张。

C. 88267761。

第 12 题：

男：签合同的日期是不是提前了？

女：A. 总经理去签。

B. 对，早了一天。

C. 对，就在前边。

第二部分

说明：第13到第32题，在这部分试题中，你将听到20段简短的对话或讲话。每段录音只播放一遍。请你一边听一边根据试卷上的提问从ABCD四个选择中选择最恰当的答案。

例如：你在试卷上看到第15题的问题和4个选项：

15. 这位女士想下调多少？

　　A. 5%　　　　B. 10%　　　　C. 15%　　　　D. 20%

你听到：

第15题：这位女士想下调多少？

男：我们同意把出厂价下调10%。

女：10%太少了，我们希望能下调15%。

男：怎么？多下调5%？我得跟总经理商量一下。

最恰当的答案是C。你应该在答卷上涂黑C。好，现在我们开始做第13题。

第13题： 出租车的车牌号码可能是哪个？

女：警察先生，我刚才在北京饭店门口下车时把一个手提包忘在出租车上了，您能帮我找到那辆车吗？

男：你记得出租车的车牌号码吗？

女：我只记得是京B，不对，也许是京C，后面有四位数字，末尾的两个数字是68。

男：出租车一般都是京B开头的，末尾数是68，是吧？您给我留个电话，查到后通知您。

第14题： 一品饭店在哪儿？

女：喂，是小王吗？我是刘红，我现在在东风路正往北走呢，快到安平路路口了，你说的一品饭店具体位置在哪儿？

男：你到了安平路路口，往左拐，左手有一家中国银行，一品饭店就在银行的旁边。

女：左转是吧？我看见路北有一个家具城。

男：对，就在家具城对面。

第15题： 关于明年房价走势，下面哪幅图是正确的？

女：张总经理，您认为明年房地产价格走势会怎么样呢？

男：据我个人观察，明年上半年房价应该与今年持平，下半年由于一些政策的出台，价格回落的幅度可能会比较大。

女：这么说，购房的话，等到下半年价格会比较理想。

第16题： 中标的建筑方案是哪个？

女：王总，本公司招标的影剧院建筑设计方案经过专家讨论投票，结果已经出来了。

男：哦，结果怎么样？是那款方形的吧？要不就是那个双层圆顶的。

女：真遗憾，这两款得票都不是最多的。中标的是那款有中国传统建筑风格的。

男：我知道了，就是那个很像故宫建筑的。

第17题： 他们将要开发的新产品是什么？

女：本公司原有的成名品牌是女士时装，最近几年面临越来越激烈的竞争，市场份额越来越少了，我们必须尽快开发新产品。

男：我认为男士西装和童装利润很高，可以考虑。

女：我倒认为运动服装比正装有更大的市场，超强的设计能力是我们的优势，开发运动服装市场一定大有前途。

男：你的意见很有道理。

第18题： 修改后的注册商标图形是哪个？

男：向国家工商局申请注册的商标图形设计得怎么样了？

女：这是刚送来的草图，您看，是一个人站在一棵树下。

男：作为公司的重要商业标识，简单一点比较好，树叶就不要了，只要树枝就可以了。另外，人站在树下不如背靠着树坐着的好。

第19题： 哪位是第一任总经理？

女：老王，这张合影好像是公司刚成立的时候照的吧？哪位是咱们公司的第一任总经理呀？听说他挺帅的。

男：是啊，你找找看。

女：是不是前排中间的那个？坐着的？

男：看走眼了吧？那是董事长，站在董事长后面的那个穿格子衬衫的才是总经理。

第20题：女士选择租用的办公地点是哪幅图？
　　女：总经理，为了进一步拓展业务，我们分公司希望在市中心租用一层写字楼，这是我们的计划和预算，请您过目。
　　男：这个价钱是不是太高了？
　　女：我们开始是选择了一处比较便宜的，位于路口，交通方便，不过房子比较老，而且太吵了，不适合办公。现在选择的这栋大厦，是去年新建的，现代设计，玻璃幕墙，环境很好，已经有多家大企业入住了，档次比较高，有利于提升我们的企业形象。

第21题：后天天气情况怎么样？
　　男：后天的露天展会准备好了吧，那天的天气情况怎么样？
　　女：天气预报说明天是阴天，后天转晴，降水概率是百分之十五。
　　男：嗯，还是要准备些雨布雨伞，以防万一。

第22题：目前投诉最多的商品依次是什么？
　　女：最近消费者对房地产的投诉很高，下面，我们请消费者协会副秘书长李先生谈谈情况。
　　男：最近4年来，房地产投诉纠纷每年都以20%的速度增长，目前已经成为手机、汽车之后的第三大投诉热点，解决率却是所有投诉中最低的。
　　女：看来这个问题还没有引起有关部门足够的重视。

第23题：他们最后决定几天之内交出样品？
　　女：你看，这里有最新设计的5款服装式样，每种做10件样品，一个星期能交货吗？
　　男：最近活儿比较多，一个星期有点儿紧，能不能宽限两天？就两天。
　　女：好吧。但是要保证质量。

第24题：第一笔订单的价钱是多少？
　　女：王先生，这第一笔订单，数量是两千件，价钱是两万元。
　　男：这个价钱太低了，我很难接受。
　　女：那么就两万五千块钱吧。如果质量能保证的话，下半年的订单都可以交给你们做。
　　男：那好吧，您得先付五千元定金，质量你尽管放心，我们是守信用的企业。

第25题：女士总去那家咖啡屋最主要的原因是什么？
  男：你为什么总是去公司对面的那家咖啡屋呢？那儿的咖啡味道一定很好。
  女：味道嘛，其实也一般。
  男：那一定是环境好，服务周到啦。
  女：这只是一个方面，最主要的是那儿可以免费上网，不计时的。

第26题：不合格化妆品的主要问题是什么？
  女：昨天，质检局公布了好几种不合格化妆品品牌，是不是质量太差？
  男：不是质量问题，主要是因为这些产品没有标注产品的净含量，也有个别产品包装上缺少厂商地址，或者日期标注不符合规定。
  女：真没想到标注净含量这么重要。

第27题：热水器可能在哪方面有问题？
  男：最近咱们厂生产的热水器出了几起事故，顾客投诉意见很大，问题出在哪儿了呢？
  女：我们召回了那一批产品，虽然最后的检查结果还没出来，不过我担心是设计上有问题。
  男：设计经过专家论证，不会有问题，还是多从制作过程、材料和耐久性方面多考虑考虑。
  女：材料和制作过程都仔细检查了，没有问题。耐久性方面确实值得研究。

第28题：男士打算采取什么方式解决资金问题？
  女：按照财务处给出的工程预算，扩建工程目前还有两千万资金缺口。
  男：公司外面有几笔欠款尽快追回来，另外，库存的货品要想办法推销出去。
  女：这些都是远水解不了近渴，还是要想办法找银行贷款吧。
  男：最近贷款限制得比较严格，这样吧，我先找一些风险投资公司想想办法。

第29题：女士的意思是什么？
  男：关于这次房地产投资，你的意见怎么样？
  女：我认为这次投资风险太大，还需要慎重考虑。
  男：可这项投资已经在公司的董事会上通过了！
  女：我保留我的意见。

第30题：李春上网的目的是什么？

从最初的大开眼界，到后来联系业务、自我宣传，李春在不知不觉中已经把网络当做了自己生活的一部分。不打网络游戏、不上网聊天的李春上网只做一件事——浏览信息。他自己也说，现在他自己的公司的招聘条件也加了一条：会上网。

第31题：女士要干什么？

女：情况是这样的，昨天我通过招聘广告，到那家公司求职。当时他们看了我的证件资料以后，就同意聘用我了，还交了500块钱的保证金和200块钱的保险费。并说以后离开公司可以退还保证金。没想到第二天我去上班的时候，才发现那家公司已经人去楼空了，一个人影儿也没有了。这才知道自己上了当。请你们一定要调查清楚。

第32题：新网的股价最后达到了多少美元？

新网的股价，从27美元飙升到了122美元，涨幅超过了3.5倍，创下了纳斯达克6年以来上市首日涨幅最高的纪录，也创下了美国股市5年以来的涨幅最高记录，同时它还是第一只上市首日股价超过100美元的中国股票。

第三部分

> 说明：第33到第42题，在这部分试题中，你将听到几段比较长的对话或讲话。每段只播放一遍。请你一边听一边根据试卷上的提问从ABCD四个选项中选出最恰当的答案。答案请涂在答卷上。好，现在我们开始做第33到第35题。

第33到第35题的问题是：

第33题：谈话的主要内容是什么？

第34题：设计部王经理的想法是什么？

第35题：采用新企划案以后，产品会怎么样？

这三个问题是根据下面一段对话：

男：今年酒类市场的竞争越加激烈，我公司的白酒销售面临很大的挑战，本季度的销售额较上季度下滑了两个百分点。在这种形势下，不仅要保证我们的产品质量，同时还需要认真研究市场。设计部的王经理，你们有什么新的企划案？

女：我们的思路是这样的，中国是酒类消费大国，每年白酒的消费高达600多亿元。人们喝完酒后，酒瓶不是扔掉就是以极低的价钱卖掉，因此我们在包装上想设计一种带祝福语的酒瓶，让人们喝完酒后，还可以把酒瓶珍藏起来。

男：这个想法倒是挺有创意的。具体怎么做呢？

女：说起来很简单，就是根据客户的需要，在酒瓶上印上他们的结婚照、生日照和亲笔签名等。顾客可以根据自己的兴趣爱好把祝贺词、图案、照片等印制在酒瓶上，这样，大家喝完酒后，酒瓶可以作为装饰品纪念品长久地收藏起来。

男：这样的话可能有一个问题，那就是酒瓶不能流水线生产，成本会不会太高了，利润会不会受影响而降低呢？

女：这个不必担心，这种包装的酒售价也会相应提高，利润是能够保证的，我做过预算，应该可以和现在持平。

第36到第38题的问题是：

第36题：电视节目的主要内容是什么？
第37题：大中电器城厨卫产品降幅一般是多少？
第38题：各个电器商场什么时候降价最厉害？

这三个问题是根据下面一段电视采访：

女记者：连续几周来，在数码家电领域出现的降价风潮是此起彼伏，而本周，不少卖场又在热水器、抽油烟机等厨卫电器领域展开了大规模促销，咱们一起来看看。……在大中电器的厨卫卖场记者看到，各类抽油烟机、热水器标注特价优惠的广告语随处可见，大部分单件产品的降幅都在15%左右，部分降幅甚至超过了30%。

厂家促销人员（男）：我们厂生产的主要是高端厨卫产品，以前卖4000到5000左右的，现在都只卖3000多。我们以前在大中电器城促销只是某一品牌、某一型号做活动，但现在是全线降价。

女记者：而在国美、苏宁等北京其他几家主要家电连锁卖场也都有不同方式的促销活动，除了购物满一定额度现金返还外，价格优惠幅度一般都在10%到20%。业内人士分析，九月和十月一般是装修旺季，加上中秋节和国庆节的节日效应，厨卫用品的消费需求有明显增加，预计到"十一"期间，各大卖场间的竞争会更加激烈。

第39到第42题的问题是：

第39题：关于赵先生的茂发纺织品进出口公司，下面哪句话是错的？
第40题：赵先生对公司将来的业务情况是什么心情？
第41题：造成公司利润损失的一个主要原因是什么？
第42题：公司和西班牙客户的生意本来可以获利多少？

这四个问题是根据下面一段采访：

主持人：听众朋友，大家好。最近，关于中欧纺织品贸易摩擦问题成了业内外都十分关注的问题。在今天的节目中，我们采访的就是这样一家在中欧纺织品贸易摩擦中受伤的中国纺织品出口企业。欢迎茂发纺织品进出口公司总经理赵文先生。赵先生，公司目前的情况怎么样？

赵　文：我现在每天都在为困在欧洲港口的服装和以后的订单发愁。对我来说，已经过去的几个月就像是一段噩梦。从四五月份开始，茂发进出口公司的业务量开始一落千丈。我想今年可能会少六七百万美金的订单。我们公司做服装进出口的生意已经有将近10年的历史了。欧美市场占据了我们公司业务量的2/3，从今年1月1日开始欧美市场配额取消，我们更是全力开发了很多新品种，打算好好赚上一笔，但现在所有的希望都成了泡影。现在我们前期投入的时间和资金就没有办法按预期收回了。

主持人：这样看来，生意会不会赔本呢？损失会有多大？

赵　文：肯定赔本了。另外对于公司来说，还有一种损失是不得不面对的，就是国外海关高昂的仓储费用。8月31日西班牙客户来的邮件上讲，我们在巴塞罗那港口三个货柜现在仍旧没有清关，如果再不能清关，客人可能就要取消订单。如果按现在欧盟和中国谈的，到9月中旬能够顺利清关的话，它的仓储费最起码是6250美金，这个费用要完全由我方来承担，因为这三个柜子的货款都还没有付，所以如果我们不承担这个仓储费他就不可能去赎单，我们损失是比较大的。这笔单子本来能赚1万美金。要是由我们来承担仓储费，利润就非常小了。如果推迟到9月底清关，那我们这一单就白干了。像这样的邮件已经有六七十封了，不是催仓储费，就是定单取消。今年是我做纺织品出口生意以来最困难的一年，光取消的订单就损失掉三四百万元，年初制定的利润目标肯定泡汤了。

第四部分

> 说明：第43到第50题，在这部分试题中，你将听到几段对话或讲话。每段只播放一遍。请你一边听一边在横道上填写数字或汉字。
>
> 例如：你在试卷上看到王刚的简单情况，其中年龄和专业是空着的，里面标有题号。
>
> 你听到：
>
> 男：我叫王刚，今年24岁，南方工业大学毕业，专业是计算机。
>
> 你应该在第46题后面写"24"，在第47题后面写"计算机"。答案请写在答卷上。好，现在我们开始做第43到第45题。

第43到45题，有位男士打电话询问办理国际信用卡的有关事宜，接电话的银行服务人员解答了他的问题。下面是电话录音：

女：（电话铃响）你好，请问您有什么事？

男：我想咨询一下办理贵行国际信用卡的有关事宜。

女：请问，你想办理金卡还是普通卡？

男：有什么区别吗？

女：普通卡的手续费是一百块，金卡是200，当然金卡的信用额也比普通卡高，是5000块。

男：200块？那我办金卡，国内外是通用的吧，可以存取几种货币？

女：金卡是一卡双币种，是美元和人民币。在国内外都可以在银行给予的信用额度内先消费后还款。

男：还款期限是多长时间？

女：消费可以享受最短25天，最长56天也就是八周的免息还款期，取现金和转账除外。

男：办理金卡需要什么材料？

女：需要身份证件的原件和复印件及工作单位开具的工作证明原件。为了加快办卡进程，可以提供财力证明文件，如单位开具的收入证明，到我行填写申请表就可以了。

男：好的，我记一下，身份证件的原件复印件、工作证明原件和收入证明。那么，多长时间能办好？

女：银行审核一般需要7到15天。

第46到第47题，一位女士看到一张火车票转让的启事，她打电话给对方商量车票转让的事。下面是他们的对话录音：

女：喂，你好，是金先生吗？

男：我是，请问您是……？

女：我在网上看到您张贴的火车票转让的启事，所以想了解更详细的情况。

男：对，我是要转让一张从北京到南京的直达软卧车票，Z59次软卧，28号离开北京。

女：那么票价是多少呢？

男：这张票我是通过订票点买的，所以除了票价400块以外，还有10块钱订票手续费。

女：哦，400加上10块手续费。您知道这次车几点出发，几点到站吗？

男：28号晚上9点开车，第二天上午8点左右到达。

女：好的，我要买这张票，什么时候在哪儿见面呢？

男：今天已经27号了，今天晚上8点在远大路的新名公司门口吧。

女：我不太清楚新名公司，是哪两个字？

男：新旧的新，姓名的名，就在远大路南口。

女：我知道了，新名公司门口，8点见。

第48到第50题是根据一段讲话，讲的是未来平板电视市场的发展趋势：

今年第三季度中国城市消费者平板电视需求研究报告提供的数据表明，未来平板电视市场的发展将呈现四大趋势。

第一个趋势是：市场需求保持旺盛，品牌需求变化大。

自2005年开始，平板电视在中国进入了高速增长期。特别是今年以来，在家电制造企业和家电渠道商宣传和价格策动下，国内消费者潜在购买能力必定会被调动起来，第四季度市场规模将超过60万台，显示出旺盛的市场需求，同时对品牌特别是外国品牌的需求也较以前有很大的变化。

第二个趋势是：更多区域市场发育，市场集中度开始减弱。

市场发展初期，平板电视的高端形象和价格决定了其市场主要集中在收入水平较高的一级城市消费市场。目前，价格已经开始接近城市消费者心里预期价格，二级市场开始逐渐启动，整个市场集中度开始减弱。

第三个趋势是：产品趋于多样化。

目前平板电视市场刚刚进入普及阶段，对于产品的概念以及技术的认识水平非常低，随着产品普及率的提高，对于产品的个性化需求必定会出现，产品趋于多样化，市场逐渐进入"细分期"。

第四个趋势是：家电连锁卖场成为平板的主流渠道。

苏宁、国美等家电连锁卖场在全国一级市场的"疯狂"布局，已经彻底改变了一级城市的家电市场销售渠道格局。目前，一级城市消费者选择购买家电连锁渠道的比例已经达到了70%以上，在北京、上海等渠道商重点布局的城市，选择通过家电连锁渠道的比例超过了90%。

听力考试到此结束。

商务汉语考试（听·读）模拟试卷（一）答案

一、听力

1. C	2. A	3. C	4. B	5. B
6. C	7. A	8. C	9. A	10. A
11. C	12. B	13. D	14. A	15. C
16. B	17. A	18. D	19. C	20. B
21. B	22. A	23. C	24. D	25. B
26. B	27. C	28. B	29. D	30. C
31. D	32. D	33. D	34. D	35. C
36. D	37. B	38. B	39. D	40. A
41. B	42. C			
43. 200	44. 56	45. 身份证件	46. 410	47. 新名公司门口
48. 品牌	49. 多样化	50. 家电连锁		

二、阅读

51. D	52. B	53. B	54. B	55. A
56. C	57. B	58. A	59. B	60. D
61. A	62. B	63. B	64. B	65. C
66. D	67. D	68. A	69. A	70. D
71. C	72. D	73. B	74. A	75. D
76. C	77. B	78. C	79. B	80. B
81. D	82. C	83. B	84. B	85. A
86. B	87. B	88. C	89. D	90. A
91. C	92. D	93. B	94. C	
95. 遵化市	96. 30万吨	97. 2.92亿元	98. 32.58%	99. 6－7年
100. 野生酸枣汁				

商务汉语考试（说·写）模拟试卷（一）

商务汉语考试

（口语）

试 卷

注 意 事 项

一、口语考试共两道题，10分钟。

二、请注意听录音，按照录音中考官的指令回答问题并进行口语考试。

三、口语考试结束后，请检查录音是否录上。

中国　北京　　　　　　　　　　　　　中国国家汉语国际推广领导小组办公室

第一题：

你是永发公司陈总经理的秘书，陈总打算邀请红星公司的张经理吃饭，一起商量合作的事。陈总让你给张经理打电话约定时间，可是张经理不在家，请你给张经理家电话留言：

1. 说明自己的身份
2. 说明打电话的目的
3. 告诉张总什么时候陈总有时间

时间：准备1分30秒；说1分钟。

第二题：

你是一次为期两天的电脑技术研讨会的会务组工作人员，向有意向参加会议的人说明会议召开的目的、日程安排和参会费用。

1. 会议召开的目的
2. 两天的日程安排
3. 参加会议的费用

时间：准备2分30秒；说2分钟。

商务汉语考试（口语）答卷（磁带卡）

商务汉语考试（口语）答卷

姓名 _____

国籍 _____

序号 _____

中国　北京　　　中国国家汉语国际推广领导小组办公室

商务汉语考试（口语）模拟试卷（一）引导语录音文本

说明：引导语录音是事先录制的，包括考官的提问、说明及情景录音。口语考试开始后，考官和考生的声音都将依次录在考生的录音带或电脑的语音文件上。

考官：你好！请问，你叫什么名字？（空2—3秒）

考官：你是哪国人？（空3—4秒）

考官：你的序号是多少？（空4—5秒）

考官：好，现在请撕开口语试卷的密封条，看试题。（空3—4秒）口语考试一共有两个题目。第一题是：

你是陈总经理的秘书，陈总经理打算邀请红星公司的张经理吃饭，一起商量合作的事。陈总让你给张经理打电话约定时间，可是张经理不在家，请你通过电话留言告诉他：1. 自己的身份姓名；2. 找张经理有什么事；3. 陈总什么时候有时间。现在准备一下，准备时间是1分30秒。

（1分30秒时）

考官：准备时间结束。现在听情景录音，然后回答。说这段话的时间是1分钟。

情景录音：

（张经理家的电话录音提示）：你好！主人现在不在家，听到嘀声后请留言。——"嘀"！

（1分钟空白时间。在结束前10秒时，有提示音。）

（规定时间到）

考官：第一题考试结束，现在考第二题。第二题是：

你的公司组织了一次为期两天的电脑技术研讨会，你是研讨会会务组的工作人员。一位想参加会议的客户向你咨询，请你从下面三个方面向他说明：1. 会议召开的目的是什么；2. 两天会议的日程安排；3. 参加会议需要交纳哪些费用。现在准备一下，准备时间是2分30秒。

（2分30秒时）

考官：准备时间结束。现在听情景录音，然后回答。说这段话的时间是2分钟。

情景录音：

（可以听到办公室内的喧闹声，一位客户向作为会务工作人员的考生询问）：您好！是电脑技术研讨会会务组吧，我有兴趣参加这个会议，您能给我介绍一些具体情况吗？

（2分钟空白时间。在结束前15秒时，有提示音。）

考官：（规定时间到）口语考试到此结束，谢谢你的合作。

商务汉语考试
（写作）
试卷

第一题：
  某公司计划实行弹性工作时间制度，员工们可以选择8点、8点半还是9点上班。公司规划部门对一些部门负责人进行了调查，考察弹性工作时间制度对各方面工作的影响。调查结果如下表。

	负面影响	无明显影响	正面影响
内部联络	13%	87%	
上班准时		67%	33%
会议	34%	66%	
员工积极性		9%	91%

请写一篇短文：
- 简单说明新制度对各方面工作的影响。

要求：80—120字。

第二题：
根据下面的询价信函：

> 光明公司销售部：
>   我公司计划订购贵公司生产的B5号节能灯管。品质：一级。规格：每箱20支。我公司希望了解该产品的单价以及贵公司的交货期限、结算方式和质量保证方式。
>   如贵方价格合理，且能给予优惠，我公司将考虑大量进货。
>   望尽快回函报价。
>
>   天宏发展有限公司采购部　王红
>   2006年6月20日

请你作为光明公司销售部经理给王红回信：
- 感谢
- 优惠报价
- 说明交货时间、结算方式和质量保证方式。

要求：250字以上。使用书信体。

商务汉语考试（写作）答卷

姓名 _____

国籍 _____

序号 _____

考 试 要 求

一、考试内容：两篇短文

二、考试时间：40分钟

三、书写要求：用汉字书写（可以用繁体字）。每个汉字及标点符号占一个格。

中国 北京　　　　　　　　　　中国国家汉语国际推广领导小组办公室　监制

第1页

第一题

80字

120字

第二题

100字

商务汉语考试　　　　　　　　　　　　　　　15 × 20 = 300

第 2 页

200字

260字

商务汉语考试　　　　　　　　　　　　　　　　　15 × 20 = 300

商务汉语考试（说·写）模拟试卷（一）参考答案

口 语

第一题：

　　张经理，您好！我是永发公司陈总经理的秘书李红。我们陈总希望有机会请您一起吃个饭，商量商量我们上次谈到的合作的事情。不知道您什么时候有时间。我们陈总这个周末要出差，大概周一回来，下周二或者周三的晚上比较合适，您觉得什么时间对您更方便，请给我回电话，我的电话是13636720518。

第二题：

　　你好！本次电脑技术研讨会是由我们公司和《电脑世界》杂志社共同举办的，目的是借此机会召集电脑营销公司的有关人员，向他们了解市场上消费者对电脑功能的需求情况，同时也会邀请几所大学的计算机技术专家与大家进行互动交流，介绍电脑技术最新成果。会议为期两天，9月20号上午8点半参会人员到我公司会议中心报到，9点会议开始，上午和下午是两个专题报告，21号上午分组讨论，下午参观。会议期间食宿费用由我公司承担，但不负责交通费用。欢迎您来参加本次研讨会。

写 作

第一题：

　　为了了解弹性工作时间制度对工作的影响，我们对一些部门负责人进行了调查。根据调查，半数以上的人认为对公司内部联络、员工上班准时以及召开会议等方面的工作没有明显的影响，分别有13%和34%的人认为将会对内部联络和召开会议有负面影响。而超过9成的人认为会对员工的积极性产生正面影响。

第二题：

> 王红经理：
>
> 　　来函收悉。非常感谢贵公司对我公司的支持和信任。关于来函中要求订购的B5号节能灯管，我公司的批发单价是每箱（20支装）2000元。如果贵公司订购的数量超过100箱的话，我方将给予9折优惠，如果数量超过500箱的话，将给予7折优惠。在收到贵公司正式订货单及50%预付款后，我方可当日发货。贵公司在收到货物后10日内须结清所有货款。运输费用由贵方承担。我公司保证产品质量优良，如发现残次品，将全额退货并赔偿损失。我方十分珍惜这次合作的机会，将竭诚为您提供最优质的产品和服务。希望尽快得到答复。
>
> 　　即颂
>
> 商祺！
>
> 　　　　　　　　　　　　　　　　　　　光明公司销售部　　李明
>
> 　　　　　　　　　　　　　　　　　　　2006年6月22日

商务汉语考试（听·读）模拟试卷（二）

商务汉语考试

（听·读）

试 卷

注 意 事 项

一、考试包括两项内容：
　　1. 听力（50题，约40分钟）
　　2. 阅读（50题，60分钟）
　　考试约需100分钟。

二、注意试题的说明，按照说明的要求回答问题。

三、答案必须写在答卷上。做选择题时，请用铅笔在答卷中涂黑代表正确答案的字母，每题只能涂黑一个字母，如：[A][■][C][D]。多涂作废。请注意，字母一定要涂得粗一些，重一些。做填空或简答题时，请将答案写在答卷的横线上。

四、请在规定的时间内做相应的试题。

五、遵守考场规则，听从主考的指令。考试结束后，请把试卷和答卷放在桌上，等监考人员收回、清点无误后，才能离场。

中国　北京　　　　　　　　　　　　　　中国国家汉语国际推广领导小组办公室

一、听 力

(50题，约40分钟)

第一部分

说明：1—12题，在这部分试题中，每一题你将听到一个人问一句话，另一个人说出ABC三种应答。请你选出最恰当的应答。问话和应答都没有印在试卷上，只播放一遍。

例如：第5题：你听到一个人问：……

你听到另一个人应答：……

最恰当的应答是A. 王经理。你应该在答卷上涂 [■] [B] [C]。

1. A.　　　　　　　B.　　　　　　　C.

2. A.　　　　　　　B.　　　　　　　C.

3. A.　　　　　　　B.　　　　　　　C.

4. A.　　　　　　　B.　　　　　　　C.

5. A.　　　　　　　B.　　　　　　　C.

6. A.　　　　　　　B.　　　　　　　C.

7. A.　　　　　　　B.　　　　　　　C.

8. A.　　　　　　　B.　　　　　　　C.

9. A.　　　　　　　B.　　　　　　　C.

10. A.　　　　　　　B.　　　　　　　C.

11. A.　　　　　　　B.　　　　　　　C.

12. A.　　　　　　　B.　　　　　　　C.

第二部分

说明：13—32题，在这部分试题中，你将听到20段简短的对话或讲话。每段录音只播放一遍。请你一边听一边根据试卷上的提问从ＡＢＣＤ四个选项中选择最恰当的答案。

例如：你在试卷上看到第15题的问题和四个选项：

15. 这位女士想下调多少？

A. 5%　　　　B. 10%　　　　C. 15%　　　　D. 20%

你听到：……

最恰当的答案是C。你应该在答卷上涂[A] [B] [■] [D]。

13．哪位是李经理？

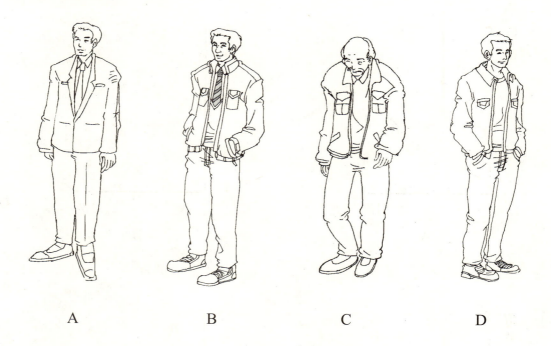

A　　　　B　　　　C　　　　D

14．男士最后买了什么样的衬衫？

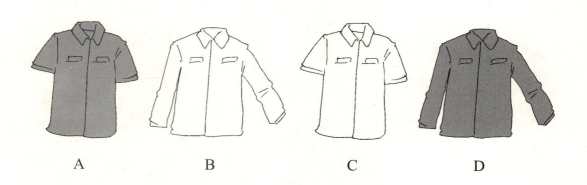

A　　　　B　　　　C　　　　D

15. 女士最后决定买什么?

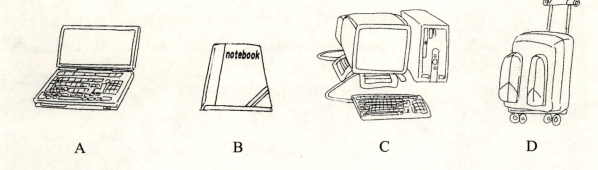

16. 哪幅图是正确的?

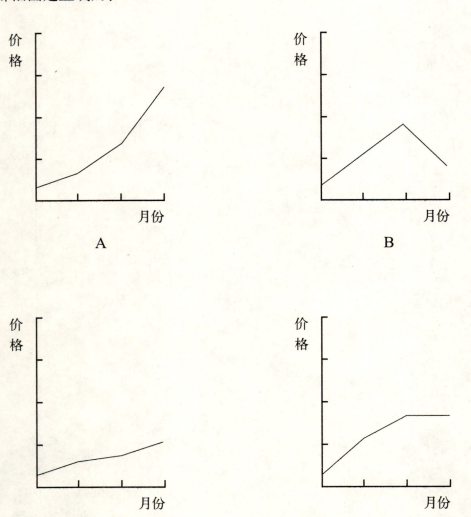

17. 平安大厦在哪儿?

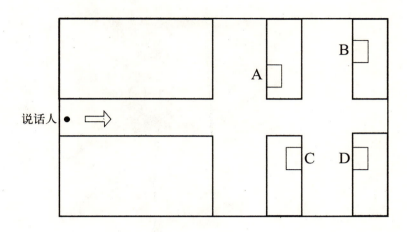

18. 广告方案放在哪儿了?

19. 女士买了哪个杯子？

A

B

C

D

20. 他们打算买哪一种文件柜？

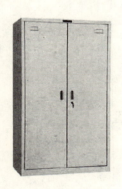

A

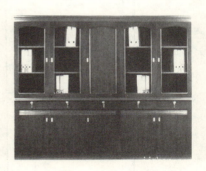

B

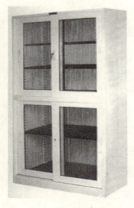

C

D

21. 会议是几点开始的？
    A. 1：30   B. 2：00
    C. 2：30   D. 3：00

22. 男士正在做什么？
    A. 购物   B. 面试
    C. 求职   D. 寄信

23. 货运公司的电话是多少？
    A. 56076127   B. 50670127
    C. 56010127   D. 56070127

24. 现在买这件衣服要花多少钱？
    A. 800   B. 960
    C. 1000   D. 1200

25. 现在这家公司在哪个国家没有分公司？
    A. 法国   B. 美国
    C. 日本   D. 韩国

26. 这段对话可能发生在什么地方？
    A. 机场   B. 宾馆
    C. 商店   D. 车站

27. 从这段对话我们可以知道：
    A. T30 价格比较便宜   B. 最后他们决定买 T20
    C. T30 质量有一些问题   D. T20 是市场上最先进的

28. 男士决定怎么去桂林？
    A. 坐飞机   B. 坐火车
    C. 坐汽车   D. 坐轮船

29. 小李怎么了？
    A. 生病了　　　　　　　　B. 辞职了
    C. 出差了　　　　　　　　D. 被开除了

30. 本次活动面向哪些消费者？
    A. 没用过该公司产品的　　B. 所购产品在保修期内的
    C. 希望试用最新产品的　　D. 长期使用联想产品的

31. 今年个人所得税起征点暂时定为多少钱？
    A. 800元　　　　　　　　B. 1000元
    C. 1500元　　　　　　　D. 1700元

32. 上海商品房平均价格是每平方米多少钱？
    A. 1046元　　　　　　　B. 2628元
    C. 6698元　　　　　　　D. 6842元

第三部分

说明：33—42题，在这部分试题中，你将听到几段比较长的对话或讲话。每段只播放一遍。请你一边听一边根据试卷上的提问从ＡＢＣＤ四个选项中选择最恰当的答案。答案请涂在答卷上。

33—35题

33．男士最后决定几号出发？
   A. 25 号   B. 26 号
   C. 27 号   D. 28 号

34．男士最好什么时候到达机场？
   A. 5：25   B. 6：25
   C. 7：25   D. 8：25

35．男士正在做什么？
   A. 预订飞机票   B. 办理登机手续
   C. 咨询旅游事宜   D. 咨询航班信息

36—38题

36．张向东是什么时候开始从事互联网工作的？
   A. 1989 年   B. 1994 年
   C. 1995 年   D. 1996 年

37．他大学学的专业是什么？
   A. 互联网   B. 信息处理
   C. 计算机   D. 电子工程

38．万网的业务面向什么市场？
   A. 企业市场   B. 整个产业链
   C. 互联网网站   D. 个人服务市场

39—42题

39. 2005年神龙汽车的亏损额是多少？
   A. 3.6亿元   B. 4亿元
   C. 8.97亿元   D. 9.85亿元

40. 2005年神龙汽车从什么时候开始实现盈利？
   A. 一季度   B. 二季度
   C. 6月份   D. 9月份

41. 神龙汽车亏损的主要原因是什么？
   A. 价格战   B. 国产化率低
   C. 品牌太少   D. 成本太高

42. 神龙公司2006年的销售目标是多少？
   A. 4万辆   B. 10万辆
   C. 14万辆   D. 20万辆

第四部分

说明：43—50题，在这部分试题中，你将听到几段对话或讲话。每段只播放一遍。请你一边听一边在横道上填写数字或汉字。

例如：你看到：

　　王刚，男，今年 (46)_____ 岁，专业是 (47)_____ 。

你听到……

你应该在（46）后面写"24"，在（47）后面写"计算机"。答案请写在答卷上。

43—45题

电话订购单

日期：2005年8月6日

时间：9：06

商品名称：西铁城 ___(43)___ 男表

商品编号：K ___(44)___

客户姓名：___(45)___

家庭电话：82554173

送货地址：北方大学47楼610室

46—47题

　　王先生说：如果女士一次订购60台，每台 ___(46)___ 元；如果能够一次付清全部货款，可以再便宜一点，每台 ___(47)___ 元。

48—50题

　　和国内贸易相比，国际贸易的特点是：

（1）国际贸易没有统一的 ___(48)___ 和度量衡制度。

（2）国际贸易一般都需要经过长距离 ___(49)___ 。

（3）国际贸易要承担更大的 ___(50)___ 。

听力考试结束。

不要提前翻看下一页，等主考下了指令以后再看下一页阅读。

二、阅 读

(50题，约60分钟)

第一部分

说明：51—72题，每段文字后面有一到几个问题，请选择最恰当的答案。答案请涂在答卷上。

51题

> **广 告**
>
> 　　现有雨花小区精装修住房一套招租，三室两厅两卫，136平方米，交通便利，环境优美，设施齐全，欢迎有意者前来洽谈或来电咨询。中介勿扰！
> 　　电话：64655786（李先生）

51．李先生要：
　　A. 卖房子　　　　　　　B. 买房子
　　C. 出租房屋　　　　　　D. 装修房子

52题

> **寻 物 启 事**
>
> 　　本人不慎于昨日（7月20号）在市图书馆附近丢失黑色公文包一个，内有身份证、工作证、公司文件和800元现金，有拾到者请与我联系，非常感谢！
> 　　联系人：黄先生
> 　　电　话：1365—248—7966

52．黄先生写启事是为了：
　　A. 找回自己的东西　　　B. 优惠转让所购图书
　　C. 说明昨天做了什么　　D. 寻找丢公文包的人

53 题

> **转让 T13 次车票**
>
> 因行程有变,现有 8 月 25 号 T13 次北京到上海硬卧车票一张,票价 350 元,愿以 300 元转让。
>
> 联系人:刘先生
>
> 手　机:1398—675—2415

53. 刘先生:

　　A. 8 月 25 号去上海　　　　B. 要坐硬卧去上海

　　C. 没有买到火车票　　　　D. 低价处理火车票

54 题

> **小时工求职**
>
> 提供家庭保洁、洗衣、做饭等计时服务,限北京市海淀区,价格面议。
>
> 联系人:孙女士
>
> 电　话:1347—547—9874

54. 孙女士想:

　　A. 做小时工　　　　　　　B. 搬到海淀区

　　C. 免费提供服务　　　　　D. 找人做家务

55题

天乐航空服务有限公司

　　本公司已与多家航空公司建立了代理关系，提供国内、国际机票订票服务，特价机票4折起，免费查询、免费送票。欢迎来电：010—52627863

55. 天乐公司：
　　A. 正在找代理商　　B. 送票不另外收费
　　C. 可以订火车票　　D. 所有机票打4折

56题

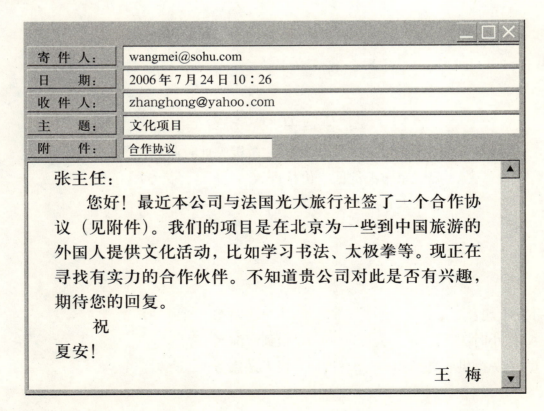

寄件人：	wangmei@sohu.com
日　期：	2006年7月24日 10：26
收件人：	zhanghong@yahoo.com
主　题：	文化项目
附　件：	合作协议

张主任：

　　您好！最近本公司与法国光大旅行社签了一个合作协议（见附件）。我们的项目是在北京为一些到中国旅游的外国人提供文化活动，比如学习书法、太极拳等。现正在寻找有实力的合作伙伴。不知道贵公司对此是否有兴趣，期待您的回复。

　　　　祝
夏安！

　　　　　　　　　　　　　　　　　　　王梅

56. 王梅给张主任去信的目的是什么？
　　A. 签订合作协议　　B. 寻找合作伙伴
　　C. 想参加文化活动　　D. 申请创办旅行社

57—58题

人民币储蓄存款利率查询表

项目		利率	月利率（‰）	年利率（%）
活期			0.60	0.72
定期	整存整取	三个月	1.425	1.71
		半年	1.725	2.07
		一年	1.875	2.25
		二年	2.25	2.70
		三年	2.7	3.24
		五年	3	3.60
	零存整取	一年	1.425	1.71
	整存零取	三年	1.725	2.07
	存本取息	五年	1.875	2.25

57. 活期储蓄的年利率是多少？

　　A. 0.60‰　　　　　　　　　B. 0.72%
　　C. 1.425‰　　　　　　　　D. 1.71%

58. 如果存期相同，利率最高的储蓄种类是：

　　A. 整存整取　　　　　　　　B. 零存整取
　　C. 整存零取　　　　　　　　D. 存本取息

59—60题

展览会电话、网络出租价格表

名称	说明	单位	租金(元)	押金(元)	赔偿金(元)
市内直拨电话	租金含材料、安装、人工、维护费，电话费另付	部/展期	250	750	225
国内直拨电话			250	1500	225
国际直拨电话			250	6000	225
宽带上网	含上网费用，4天起租	条/天	150	/	/

59. 租两部国内直拨电话要交多少钱押金？
   A. 750元　　　　　　　　B. 1500元
   C. 3000元　　　　　　　 D. 6000元

60. 从这个价格表可以知道：
   A. 租用宽带上网不能超过4天
   B. 租用宽带上网不用交押金
   C. 租用电话付租金不用付电话费
   D. 租用宽带上网需要另交上网费

61—62 题

```
型      号：三星 E838 手机
网络类别：GSM 900/1800/1900
颜      色：银色、红色、蓝色
配      置：锂电池二块、电池充电器一个
通话时间：120-240 分钟
待机时间：80-100 小时
尺      寸：85×43×21.5mm
重      量：82 克
市 场 价：2500
现      价：2400
功      能：
          铃  声    64 和弦，自编铃声
          通讯录    分组管理，1000 条
          短信息    SMS 短信，EMS 短信，MMS 短信，200 条
          输入法    中文输入法
```

61．现在买这部手机要花多少钱？

  A. 1800   B. 1900

  C. 2400   D. 2500

62．关于这款手机，下面哪句话是对的？

  A. 能存 1000 条短信息   B. 有四种颜色可以选

  C. 配有两块手机电池   D. 最长通话时间 2 小时

63—64题

房地产报表

分 类	月报(2005年7月)		季报(2005年2季度)	
	销量(M2)	均价(/M2)	销量(M2)	均价(/M2)
商品房住宅	1340466 ↓	5275	5750526 ↑	5350
经济适用房	196332 ↑	2634	480618 ↓	2756
存量房	391610 ↓	2558	1817027 ↑	2725
再上市房	200939 ↑	3144	578931 ↓	2877
商铺写字楼	82424 ↓	11008	544017 ↑	13218

63. 在第二季度，哪一类房屋的价格最低？
    A. 存量房   B. 再上市房
    C. 商品房住宅   D. 经济适用房

64. 关于7月份的报表，下面哪句话是对的？
    A. 存量房的销量最大   B. 商品房住宅的价格最高
    C. 经济适用房卖得最少   D. 商铺写字楼销量下降了

65—68题

> 联合国贸易与发展委员会公布的年度报告显示，2003年全球范围的海外投资连续第三年下跌，但发展中国家已经开始复苏。去年，即2003年，中国是亚洲最大的接收外来投资的国家，总额达535亿美元，是全球最大的接收外来直接投资的国家。这是中国连续第二次蝉联此排名。
>
> 报告说，尽管发生了SARS疫情，中国去年仍引资535亿美元，较2002年增加8亿美元。投向美国的外资则锐减53%至300亿美元，是12年来的最低水平。
>
> 联合国贸发会议华裔经济学家詹贾姆说，中国的直接投资并未达到高峰。贸发会议估计，2004年流向亚太地区的直接投资进一步增长的希望很大。
>
> 报告还显示，去年海外直接投资的流入总额为5600亿美元，比前年减少18%。和2000年顶峰时相比，累积跌幅达60%，不过这个数字还是高于过去10年的平均水平。虽然去年全球及北美洲的外来直接投资下降，但流入亚洲及太平洋区的外来直接投资却由2002年的940亿美元，上升至2003年的1070亿美元，重返2001年的1070亿美元的水平。根据联合国贸易和发展会议的研究报告，随着经济迅速增长及企业盈利改善，预期外来直接投资将会再次上升。

65．根据联合国贸易与发展委员会公布的报告：

　　A. 全球范围的海外投资有所增加

　　B. 美国去年引资300亿美元

　　C. 中国首次成为世界上最大的投资接收国

　　D. 由于SARS，中国引资减少

66．2003年中国引进外资达多少美元？

　　A. 300亿　　　　　　　　B. 527亿

　　C. 535亿　　　　　　　　D. 543亿

67．联合国经济专家认为，中国接收的直接投资：

　　A. 可能会继续增加　　　　B. 连续几年都在下跌

　　C. 连续两年处在最高值　　D. 是近年来的最低水平

68．哪些地区的外来投资有所增加？

　　A. 全球　　　　　　　　　B. 美国

　　C. 北美洲　　　　　　　　D. 亚太地区

69—72题

电子支付安全吗？无论是传统银行开辟的网上银行业务，还是电子商务交易中的在线支付手段，安全性一直是制约这些新型业态健康发展的瓶颈。

针对人们对电子支付存在的种种安全疑虑和行动上的徘徊，9月中旬，由我国金融领域最具权威的第三方认证机构——中国金融认证中心组织并发起的"放心用网银，安全中国行"活动，像一场秋风劲吹北京、上海和广州三地。

在这次活动中，中国金融认证中心联合了中国工商银行、中国农业银行、交通银行等14家商业银行共同参与。仅9月16日、17日两天，在北京的西单、金融街和朝阳门大街等处的30个金融网点，主办方以免费咨询、有奖调查和"网银大赢家"flash游戏体验等形式向广大市民普及电子支付安全常识。继北京的"街头秀"之后，类似的场景也在上海和广州轮番上演。

消费者是如何看待电子支付安全性的？根据中国金融认证中心与银行联合进行的最新调查，53%的消费者不信任网上银行通用的用户名和密码机制。尤其是去年以来，连续发生的"假冒网站"、"网银大盗"、"快乐耳朵"等事件，使网银用户对网上银行的误解加深。

一份关于网上支付安全性的调查还揭示了一个有趣的现象，就是认为电子支付不安全的消费者多为从未尝试过网上支付的人，而有过该项体验的消费者更倾向于认可其安全性。这也可以看出，存在于消费者心理上的"安全"障碍，才是构成人们在选择支付手段时"望网却步"的主要原因。

"举办'放心用网银，安全中国行'活动，我们想从两方面打消人们对于电子支付的重重戒备心理。"中国金融认证中心总经理李晓峰解释说，"首先是要让消费者形成正确的安全保护意识，而社会上又恰恰缺乏让消费者了解信息安全常识的渠道；其次是推广使用电子支付最新的安全产品——数字证书。"

69. 谁组织了这次活动？
  A. 14家商业银行 B. 金融认证中心
  C. 中国农业银行 D. 中国工商银行

70. "网银大盗"、"快乐耳朵"指的是什么？
  A. 街头秀 B. 网络游戏
  C. 密码机制 D. 网络诈骗

71. 消费者怎么看待电子支付？
  A. 一半以上的人怀疑其安全性

B. 认为是一种很有趣的现象

C. 很多用过的人认为不安全

D. 使用起来有很多障碍

72. 关于电子支付方式的使用，下面说法正确的是：

A. 目前还很不安全

B. 消费者都了解

C. 有数字证书更安全

D. 前景很不乐观

第二部分

说明：73—84题，每段文字中有若干个空儿，每个空儿右边有ＡＢＣＤ四个词语，请选择最恰当的词语。答案请涂在答卷上。

73—78题

考核一个企业的成绩大小，一般来说，都要检查该企业产品的数量、质量、产值、利润以及工人的收入情况。这些 ___(73)___ 都是必要的。因为，一个企业 ___(74)___ 更多更好地生产适销对路、满足人们生产、生活所需要的产品，企业才能生存和发展。谁 ___(75)___ 了这一点，企业就不仅不能发展，___(76)___ 还有可能破产、倒闭。___(77)___，作为一个企业、一个企业家，仅有这种责任感还是不够的，还必须站在企业以至整个社会长远发展的高度来认识问题，把培育人才 ___(78)___ 自己的责任。

73． A. 并非　　B. 无疑　　C. 几乎　　D. 未必

74． A. 只要　　B. 如果　　C. 既然　　D. 只有

75． A. 忽略　　B. 满足　　C. 达到　　D. 重视

76． A. 尤其　　B. 将要　　C. 甚至　　D. 况且

77． A. 但是　　B. 因此　　C. 那么　　D. 从而

78． A. 成为　　B. 作为　　C. 认为　　D. 完成

79—84题

无论对大企业还是小企业，好的聘用决策都是企业成功的___(79)___。雇用到合适的员工，意味着企业拥有了更高的工作效率和利润；雇用了不当的员工，则会___(80)___企业的声誉，最终还会威胁企业的生存。因为从本质上来说，你雇用到的员工组成了公司，而员工怎么工作决定了公司的前途。挑选员工___(81)___盖房子，如果材料选得好，施工起来会十分顺利；___(82)___，如果材料选得不好，施工时就不得不花费额外的时间、精力和资金。___(83)___，寻找合适的员工是一种无价的时间投资。他们是公司的活广告，不但促进公司的持续发展，而且会___(84)___更多的人才加盟公司。除此之外，好的员工还能使你的工作更为轻松，因为你可以放心地授权给他们，让他们自己干。

79. A. 力气　　B. 机会　　C. 关键　　D. 部门

80. A. 传播　　B. 宣传　　C. 损失　　D. 损害

81. A. 如同　　B. 用来　　C. 不像　　D. 似乎

82. A. 反而　　B. 相反　　C. 反倒　　D. 另外

83. A. 实际　　B. 果然　　C. 其实　　D. 因为

84. A. 阻碍　　B. 招聘　　C. 录用　　D. 吸引

第三部分

说明：85—94题，每组有ABCD四段短小的文字材料，请判断哪个问题或句子分别与哪段材料有关系。答案请涂在答卷上。

85—89题

你打算请一位客户到旋转餐厅吃晚餐，请你带着下面的问题考察一下市内的几家餐厅。

例如：哪家餐厅关门时间最晚？　　　最恰当的答案是D。

85．哪一家餐厅的位置最高？
86．旋转速度最快的是哪一家？
87．哪一家餐厅供应东南亚饭菜？
88．哪一家餐厅的自助餐最便宜？
89．哪一家可以欣赏到长安街的风景？

A　西苑饭店旋转餐厅

地址：三里河路1号西苑饭店25层
电话：68313388
营业时间：11:30－14:30　18:00－22:30
价格：自助午餐：108元/人
　　　自助晚餐：118元/人
转速：150分钟/圈
特点：旋转餐厅位于饭店的25层，是北京第一家旋转餐厅，招牌菜是三文鱼刺身。中西式自助餐包括三文鱼、烤鸭、海鲜、各种凉菜、小吃等。

B　星光旋转餐厅

地址：国际饭店28层
电话：65126688
营业时间：10:30－22:00
价格：自助午餐158元/位
　　　自助晚餐188元/位
转速：120分钟/圈
特点：星光旋转餐厅是长安街上惟一的旋转餐厅，高度为94米。东方广场、王府井大街、老北京四合院环绕周边。您能一边享用美味佳肴，一边欣赏长安街景。

C　中央电视塔旋转餐厅

地址：海淀区西三环中路11号
电话：68475552
营业时间：8:30－22:00
价格：自助餐128元/位，儿童半价。
转速：90分钟/圈
特点：餐厅距地面238米，相当于普通建筑物的79层，可以将京城景色尽收眼底，令观景、就餐更方便、惬意。

D　昆仑饭店顶峰旋转餐厅

地址：朝阳区新源里南路2号
电话：65903388
营业时间：11:30－14:00　17:30－23:00
价格：自助餐：138元/位
转速：130分钟/圈
特点：顶峰旋转餐厅位于昆仑饭店29层，为客人提供粤式、欧陆、日本、印度及东南亚共五种菜系。客人可欣赏到三环路、亮马河畔及周边使馆区的美丽风景。

90—94题

请确定哪个句子和哪段文字有关系。

例如：货币市场基金安全性高、利率高。　　最恰当的答案是 C。

90．最近很多投资者购买货币市场基金。
91．专家认为货币基金的收益率可能下降。
92．货币基金收益率并没有下跌。
93．货币市场基金有了新的规则。
94．一些基金销售机构误导了投资者。

A　货币基金收益率却并不像普遍认为的将应声而跌。进入4月后，市场上14只货币市场基金的7日年化收益率仍都保持在3%以上，加上免税政策以及良好的流动性，货币市场基金吸引力并没有减弱。据一些统计数据显示，货币市场基金的总规模仍在不断扩大。

B　有业内人士认为，今年货币基金收益率高增长的前景不乐观，因为新规则细化了基金的投资、估值等操作的规则，压缩了以往货币市场基金为提高收益可能打擦边球的空间，会影响到目前的货币市场基金收益排行榜，部分货币基金可能会出现收益下滑。

C　近几个月来，货币市场基金由于其安全性高、利率又高于银行同期而大行其道。为了迎合投资人的胃口，市场上一些基金销售机构在介绍货币市场基金时，往往片面强调其短期收益，这造成部分投资者对货币基金产生片面的认识，一些投资者甚至认为，货币市场基金可以像股票基金那样获取高收益。

D　针对货币市场基金的种种问题，货币市场基金的新规则《货币市场基金投资、估值等相关问题实施细则》已经于4月1日起实施。在"细则"中将重构货币市场基金规范，确定以总资产为权重来计算投资组合剩余期限，将原本针对银行间债券市场规定的40%回购上限下调到针对所有市场20%的杠杆比例上。

第四部分

说明：95—100题，读后写出简要的回答。每题的答案只能用1-10个字。答案请写在答卷上。

95—100题

请阅读《安装工程合同》后回答下列问题。

例如：施工地点在什么地方？　　最恰当的答案是：甲方静海港口。

95．这项安装工程的施工时间不应该超过多长时间？
96．在工程安装完毕时，甲方一共付给了乙方多少钱？
97．如果乙方比预期时间晚两天完成安装，该付多少违约金？
98．哪一方派人监督、指导工程安装？
99．验收后乙方应保证工程质量多长时间？
100．验收后，乙方应多长时间对主机进行一次保养维护？

安装工程合同

2005年1月20日，联洋航运有限公司（简称甲方），与蓝天船用设备有限公司（简称乙方），签订安装主机的项目合同。

1. 安装工程名称：12V-400ZC型主机。
2. 工程地点：甲方静海港口。
3. 工程范围：本合同所附图纸及估价单。
4. 完工期限：本安装工程自施工之日起应在60天内完成，其中包括12V-400ZC主机试验运行。
5. 安装工程总价格：60万美元整。
6. 安装工程付款进度：

　　第1期：甲方在本合同开始实施时，付给乙方工程总价15%，即9万美元整；
　　第2期：在安装管路时，甲方付给乙方工程总价20%，即12万美元整；
　　第3期：在主机的主要设备运抵工地时，甲方付给乙方工程总价的40%，即24万美元整；
　　第4期：在安装工程完毕时，甲方付给乙方工程总价的10%，即6万美元整；

第5期：在工程验收合格后，甲方付给乙方工程总价余额的15%，即9万美元整。

7. 违约罚款：因乙方原因未准时完工时，应由乙方负责，应付违约罚款，每天按总价的1%计算，即6000美元整。

8. 增加或减少工程：若甲方需修改、增加或减少其工程计划时，总价之增减，应按双方规定之订单计算。若需新增加工程量，双方应另行协商该项新增加工程之单价。

9. 监督进度：甲方派去的监督人员或代表对工程进度予以监督并有权予以监工、指导。乙方应按甲方人员或代表的指示正确施工，不得以任何借口置之不理。

10. 工程保管：在工程开始时，完工移交前，已完工的工程及留在工地的材料、工具、设备等，均由乙方保管。除人力不能抵抗的灾害外，乙方应对保管中的一切，负损害之全责。

11. 工程保证：除天灾或因甲方使用不当的原因外，乙方应在甲方验收后保证工程质量良好2年。

12. 合同形式：本合同一式两份，甲乙双方各执一份。另各保留两份副本供双方存档备查。

13. 附加条款：主机的保养——乙方应在甲方验收后1年内定期提供12V－400ZC主机免费保养服务，每三个月派员维护正常运行一次。

本合同按双方所签日期生效。

甲方：联洋航运有限公司　　　　乙方：蓝天船用设备有限公司
日期：2005年1月20日　　　　　日期：2005年1月20日

阅读考试结束。

商务汉语考试（听·读）答卷

商务汉语考试（听·读）答卷

商务汉语考试（听·读）模拟试卷（二）听力录音文本

第一部分

说明：第1到第12题，在这部分试题中，每一题你将听到一个人问一句话，另一个人说出ＡＢＣ三种应答。请你选出最恰当的应答。问话和应答都没有印在试卷上，只播放一遍。

例如：

第5题：你听到一个人问：您好，请问您找谁？

你听到另一个人回答：A. 王经理。

B. 我去找他。

C. 请您问吧。

最恰当的应答是A. 王经理。你应该在答卷上涂黑A。好，现在我们开始做第1题。

第1题：

女：您是美国来的格林先生吗？

男：A. 是的，我是美国人。

B. 是的，我就是。

C. 不，我去英国。

第2题：

男：我提议为了我们的合作干一杯。

女：A. 不，谢谢。

B. 干杯。

C. 我们同意合作。

第3题：

女：这种产品是用什么材料做的？

男：A. 是塑料做的。

B. 是用来洗衣服的。

C. 是他们公司生产的

第 4 题：

男：我不喜欢红色，你们还有没有别的颜色？

女：A. 我也不喜欢。

B. 我喜欢白色。

C. 只有这一种了。

第 5 题：

女：您十分钟以后打过来好吗？

男：A. 好的，我一会再打。

B. 十分钟打不完。

C. 我可以走着过去。

第 6 题：

男：如果用快递，几天可以收到？

女：A. 你们可以寄挂号信。

B. 一般第二天就能到。

C. 对方收到会给你写信。

第 7 题：

女：你能帮我换 20 块钱的零钱吗？

男：A. 当然可以。

B. 我有 20 块钱。

C. 我们不找零钱。

第 8 题：

男：对不起，打扰一下，请问洗手间在哪儿？

女：A. 一直往前走，就在那边。

B. 没关系，你去吧。

C. 我一会给你打电话。

第 9 题：

女：您的电视机出了什么毛病？

男：A. 这台电视机有问题。

B. 我的电视机被偷了。

C. 常常没有声音。

第 10 题：

男：王经理什么时候有空？

女：A. 他就是王经理。

B. 他大概九点来。

C. 他下午有时间。

第 11 题：

女：总经理办公室在几层？

男：A. 总经理不在办公室。

B. 办公楼一共 12 层。

C. 在第 15 层。

第 12 题：

男：你是做什么工作的？

女：A. 我是广告公司经理。

B. 我明天要去开会。

C. 我的工作完成了。

第二部分

说明：第13到第32题，在这部分试题中，你将听到20段简短的对话或讲话。每段录音只播放一遍。请你一边听一边根据试卷上的提问从ABCD四个选择中选择最恰当的答案。

例如：你在试卷上看到第15题的问题和4个选项：

15. 这位女士想下调多少？

    A. 5%   B. 10%   C. 15%   D. 20%

你听到：

第15题：这位女士想下调多少？

男：我们同意把出厂价下调10%。

女：10%太少了，我们希望能下调15%。

男：怎么？多下调5%？我得跟总经理商量一下。

最恰当的答案是C。你应该在答卷上涂黑C。好，现在我们开始做第13题。

第13题：哪位是李经理？

女：你不是要找李经理吗？他来了，那个穿夹克衫的中年人就是。

男：是系蓝色条纹领带的吗？

女：不是，是不系领带的那位。

第14题：男士最后买了什么样的衬衫？

男：小姐，这种短袖衬衫有白色的吗？

女：不好意思，白的卖完了，只剩下黑的了，您要吗？

男：黑的就算了。我还是喜欢白的，没有短袖的就给我拿件白色长袖的吧。

第15题：女士最后决定买什么？

女：小王，我想买台笔记本电脑，你能帮我参谋一下吗？

男：我劝你别买笔记本了，还是买台式的吧，便宜还不容易坏。

女：可我经常出差，笔记本电脑放在行李箱里不占地方，不能带着台式机去吧。

第16题：哪幅图是正确的？

女：最近石油的价格一路上升，这样下去可怎么得了？

男：别担心，随着产量增加，这个月已经止住了上升势头，价格基本上稳定下来了。

女：可什么时候才能等到价格回落呀？

第17题：平安大厦在哪儿？

男：请问，到平安大厦怎么走？

女：平安大厦离这儿不远，走着去就行。从这儿一直往前，在第二个路口左拐，再往前走大概200米，你右手边那座高楼就是。

男：直走，第二个路口再左拐对吧？非常感谢！

第18题：广告文案放在哪儿了？

男：广告文案不是在中间一层左边的抽屉里吗？我怎么找不到？你是不是放到上面去了？

女：我没动啊，我记得你是放在右边的抽屉里了，你再找找看。

男：哦，找到了，是我记错了，怪不得刚才在左边抽屉里翻了半天也没找到。

第19题：女士买了哪个杯子？

男：你好，想买杯子吗？要什么样的？

女：那个心形图案中间有一只卡通小狗的，拿给我看一下，还有那个带盖儿的也给我看看。

男：两个都要吗？

女：不，只要一个，这个带盖儿的你放回去吧，我要这个心形的。

第20题：他们打算买哪一种文件柜？

你推荐的这种深色木质的文件柜确实非常好，美观大方，很有中国家具的特点，可惜有点儿宽，我们办公室放不下，我们打算买这种两开门的，宽窄也合适，隔板之间的距离一样，简单实用，门上有玻璃，存放的文件一目了然，都能看清楚。

第21题：会议是几点开始的？

男：小张，都两点半了，你怎么才来，我们都开了半个小时了？

女：啊，是吗？通知不是说会议两点半开始吗？我是按时来的。

男：因为会后还有别的安排，所以提前了半个小时，他们没有通知你吗？

第22题：男士正在做什么？

女：喂，你好！大华商场人事部。

男：你好！听说你们商场正在招聘市场部经理，我想问一下情况，能否给我一个面试机会？

女：你先把简历寄来，我们讨论以后再通知你结果。

第23题：货运公司的电话是多少？

男：顺通货运公司的电话是多少？我想问问那批货是否已经运到了。

女：我查一下，5-6-0-7-0127。

男：5607-6127？

女：不是，最后四位是0127。

第24题：现在买这件衣服要花多少钱？

女：先生，如果您喜欢这件衣服可以试一下。

男：这件衣服我很喜欢，就是有点贵，能不能便宜一点。

女：1000块已经够便宜了，别的商场都卖1200呢，我们今天搞活动您现在买还可以享受8折优惠，多划算。

男：既然有优惠，那就买了吧。

第25题：现在这家公司在哪个国家没有分公司？

女：李经理，听说你们公司最近又在日本开了一家分公司，生意越做越大，能介绍一下公司的发展情况吗？

男：好的。我们坚持走出去的策略，已经在韩国、美国、日本开设了三家分公司。如果时机成熟，明年将会进军欧洲市场。

女：能透露一下具体是哪个国家吗？

男：初步考虑是在法国。

第26题：这段对话可能发生在什么地方？

女：您好！前台。请问有什么事？

男：你好！我现在要退房，另外麻烦你帮我叫一辆出租汽车送我去机场好吗？

女：好的，先生，您现在就可以到一楼前台来办手续了。

第27题：从这段对话我们可以知道什么？

女：没想到打印机有这么多种，真不知道买哪一种。

男：我看T30型不错，据说是市场上最先进的。

女：问题是我们真的需要这么好的吗？别忘了，它的价格也是最贵的，我看T20型就不错，而且更适合一般办公使用，你说呢？
男：也行，这样一来还可以省下不少钱呢。

第28题：男士决定怎么去桂林？
女：听说你最近要到桂林出差，打算怎么去，坐飞机吗？
男：反正不是坐飞机就是坐火车吧，对了，你以前去过，有什么好的建议？
女：如果时间允许的话，你不妨坐船去，那儿山清水秀，一路可以欣赏到不少美景。
男：这个主意不错，不过去的时候时间紧，得坐飞机。回来就该放年假了，正好坐船放松一下。

第29题：小李怎么了？
女：最近怎么一直没有见小李，他生病了还是出差了？
男：你还不知道吧，他炒了老板的鱿鱼，已经跳槽了。
女：哦，原来是这样，他工作那么出色，走了挺可惜的。

第30题：这次活动面向哪些消费者？
昨天联想公司启动了IT业界最大的一个老用户回访计划，据这次活动的负责人介绍，启动这样的活动是因为他们非常关心使用联想产品时间超过三年的客户有没有更新换代等需求，希望通过这样大规模的活动，让这些客户能很好地使用联想的产品，继续保持对联想的忠诚，同时也能带来新的商业机会。

第31题：今年个人所得税起征点暂时定为多少钱？
我国于1980年开始征收个人所得税，其立法目的是为了调节收入分配，缩小贫富差距。当时确定个税起征点为800元，次年共征收个税500万元。今年新一轮个人所得税调整方案将个税起征点初步定为1500元，然而超过七成的被征求意见者反对这个起征点，认为应该继续提高。

第32题：上海商品房平均价格是每平方米多少钱？
根据国家统计局的统计结果，2005年全国商品房住宅平均价格为每平方米2628元，比上年同期上涨137元。其中，北京市商品房价格最高，平均达每平方米6842元；上海次之，平均为每平方米6698元；最低的是江西省，平均为每平方米1046元。

第三部分

> 说明：第33到第42题，在这部分试题中，你将听到几段比较长的对话或讲话。每段只播放一遍。请你一边听一边根据试卷上的提问从ABCD四个选项中选出最恰当的答案。答案请涂在答卷上。好，现在我们开始做第33到第35题。

第33到第35题的问题是：

第33题：男士最后决定几号出发？

第34题：男士最好什么时候到达机场？

第35题：男士正在做什么？

这三个问题是根据下面一段对话：

女：喂，你好！北京青年旅行社。

男：你好！我想坐CA937次航班去伦敦，6月26号的票还有吗？

女：稍等，我查一下。对不起，26号以前的票都没有了，27、28号还有空位。

男：啊？我28号必须出席那儿的一个展览会，27号走来得及吗？

女：没问题。这趟航班上午起飞，当地时间上午11点左右就能到了，来得及。

男：那好，就给我订一张27号的吧。

女：好的。您自己来取还是我们送票上门？

男：我可以自己去取。还要问一下，飞机几点起飞？

女：早上7点25分，按规定您应该提前两个小时到机场办理登机手续。

男：我知道了，非常感谢。

女：请告诉我您的姓名和护照号码。

男：我叫李建国，我的护照号码是P.5412566。

第36到第38题的问题是：

第36题：张向东是什么时候开始从事互联网工作的？

第37题：他大学学的专业是什么？

第38题：万网的业务面向什么市场？

这三个问题是根据下面这段采访:

主持人: 各位网友大家下午好!今天我们新浪"总裁在线"请来了一位互联网的著名人士万网的总裁兼CEO张向东先生。

张向东: 大家好!很高兴通过这样一个形式和网友见面。

主持人: 请问张总,您大概是什么时候开始从事互联网行业的?

张向东: 我们正式启动互联网公司是1996年,在成立这个公司之前,我们做了一年多的准备工作,所以我们接触互联网大概是在1994年的后半年。

主持人: 您在从事互联网之前,是不是曾接触过IT行业呢?

张向东: 是的,我一直在IT行业中。

主持人: 您能不能谈谈为什么从事互联网工作?

张向东: 因为在大学里面所学的专业是电子工程专业,从学校里面出来以后,自然就在电子技术和计算机的领域工作。而且在80年代初一直到80年代末正是计算机在中国普及的阶段。所以,我毕业以后基本上都是在与电脑相关的行业工作。

主持人: 万网现在的几个业务,现在都是面向企业市场的。那么,将来万网会不会介入个人服务市场,现在面向个人服务的网站互联网企业还是非常多的,盈利比较多的也全是面向个人的互联网企业。

张向东: 我觉得每个企业会选择自己一个定位,一个企业不可能在整个产业链上什么都做,它必须有一个核心的价值,其实万网已经非常大,有足够的实力把我们看到的商业机会全部抓住。个人市场的话,我们目前还没有一个明确的打算说要进入。因为我们要做很多的分析和判断,看看现存的市场上活跃的竞争对手有哪些,我们有哪些业务可以同他们竞争,这些方面我们都会充分考虑。

第39到第42题的问题是:

第39题: 2005年神龙汽车的亏损额是多少?

第40题: 2005年神龙汽车从什么时候开始实现盈利?

第41题: 神龙汽车亏损的主要原因是什么?

第42题: 神龙公司2006年的销售目标是多少?

这四个问题是根据下面这段新闻：

　　上周，神龙汽车母公司法国标致雪铁龙2005年财报显示，自2004年爆出人民币9.85亿元的巨大亏空后，神龙汽车05年的业绩有所好转，汽车销量从2004年的8.97万辆上升到14.1万辆，增长57%；亏损额为3.6亿元，同比减少近60%，达到神龙汽车05年"亏损不超过4亿元"的目标。

　　《第一财经日报》从有关渠道获悉，神龙公司的主要亏损来自上半年。公司第一季度亏损5.67亿元，第二季度亏6900万元。神龙汽车总经理助理刘齐心表示："公司从05年6月份开始就实现单月持续盈利，并在下半年实现大幅度的盈利。"

　　神龙汽车表示，不到4亿元的亏损基本实现神龙公司董事会制定的经营目标。不过并没有实现当初公司总经理刘卫东制定的降低成本20亿元的目标。

　　神龙汽车一位不愿意透露姓名的高层表示，神龙是05年销量增幅最大的汽车企业之一，亏空几乎都是居高不下的成本导致。从05年的成果来看，刘卫东的降低成本计划效果不明显。

　　目前，神龙汽车主要有雪铁龙和标致两大品牌。东风标致商务部表示，去年标致307尽管销售突破4万辆，但由于国产化率低及价格战原因，并未给公司带来预期的利润。

　　在2006年1月6日新车发布会上，刘卫东表示："今年的情况肯定会好转，神龙今年将实现盈利。"据透露，在神龙公司2006年的工作目标中，包括销售20万辆、成功投放3个新车型和降低成本10亿元以上三大指标。

第四部分

> 说明:第43到第50题,在这部分试题中,你将听到几段对话或讲话。每段只播放一遍。请你一边听一边在横道上填写数字或汉字。
>
> 例如:你在试卷上看到王刚的简单情况,其中年龄和专业是空着的,里面标有题号。
>
> 你听到:
>
> 男:我叫王刚,今年24岁,南方工业大学毕业,专业是计算机。
>
> 你应该在第46题后面写"24",在第47题后面写"计算机"。答案请写在答卷上。好,现在我们开始做第43到第45题。

第43到第45题,一位男士打电话订购商品,接电话的服务员边听边做记录。下面是电话录音:

女:你好!丁丁网上商城电话订购热线。

男:你好!我想订购一块手表。

女:好的,请您说一下商品的全称以及商品编号。

男:全称是"西铁城多功能男表",商品编号是……

女:稍等,我记一下,西铁城多功能男表。好,商品编号是多少?

男:编号是K2662107。

女:K2—6—6—2—1—0—7是吧?

男:没错。

女:请您留下姓名和联系电话好吗?

男:我姓严,"严格"的严,叫严舒,"舒服"的"舒"。

女:严先生,您家里的电话是多少?

男:82554173。

女:您订购的商品要送到哪儿呢,请您告诉我具体地址好吗?

男:北方大学47楼610室。

女:47楼610室。好的,严先生,我们的工作人员会在两天内给您送货。

第 46 到 47 题，两家公司的代表正在讨论商品的订购数量和价格，下面是他们的对话录音：

女：王先生，我们对产品的质量很满意，不过价格高了一些。如果你们给予适当的优惠，我们可以成交。

男：那要看你们订购多少台？

女：如果价格合适，先订购 60 台。

男：60 台的话，我们给的报价是每台 12 000 元。

女：其他厂家的报价最高也就是 12 000 元，您看是否能再多打点折扣？

男：这已经是最低价格了。这样吧，如果你们一次付清全部货款，每台再便宜 200 元，11 800 元。

女：11 800 元这个价格我们可以接受，我们马上下订单。

第 48 到 50 题是根据下面一段讲话，谈的是国际贸易的问题：

国际贸易是指世界上各个国家或地区之间，商品、劳务和技术的交换活动。和国内贸易相比，国际贸易的特点是：

（1）在世界市场上，各国进行国际贸易没有统一的货币和度量衡制度。贸易双方在计价、支付和结算中采用哪种货币，不同货币如何兑换，采用何种结算方法，度量衡的各种单位如何换算，都要在双方或多边会谈中协商。

（2）国际贸易一般都需要经过长距离运输。与国内贸易相比，国际贸易的运输距离长，在运输过程中，装、卸、转运，耗时费工，双方事前要协商运输合同，对运费、承运人和托运人的责任等事项作出规定。

（3）国际贸易比国内贸易要承担更大的风险。国际贸易从签约到履约要经过较长时间，这中间如发生价格涨落，会给买方或卖方造成很大的损失；一国的政局变化也会带来难以预料的政治风险等等。

听力考试到此结束。

商务汉语考试（听·读）模拟试卷（二）答案

一、听力

1. B	2. B	3. A	4. C	5. A
6. B	7. A	8. A	9. C	10. C
11. C	12. A	13. D	14. B	15. A
16. D	17. B	18. C	19. A	20. D
21. B	22. C	23. D	24. A	25. A
26. B	27. B	28. A	29. B	30. D
31. C	32. C	33. C	34. A	35. A
36. B	37. D	38. A	39. A	40. C
41. D	42. D			

43. 多功能　　44. 2662107　　45. 严舒　　46. 12 000　　47. 11 800

48. 货币　　49. 运输　　50. 风险

二、阅读

51. C	52. A	53. D	54. A	55. B
56. B	57. B	58. A	59. C	60. B
61. C	62. C	63. A	64. D	65. B
66. C	67. A	68. D	69. B	70. D
71. A	72. C	73. B	74. D	75. A
76. C	77. A	78. B	79. C	80. D
81. A	82. B	83. C	84. D	85. C
86. C	87. D	88. A	89. B	90. C
91. B	92. A	93. D	94. C	

95. 60天　　96. 51万美元　　97. 12 000美元　　98. 甲方　　99. 2年

100. 三个月

商务汉语考试（说·写）模拟试卷（二）

商务汉语考试

（口语）

试　卷

注　意　事　项

一、口语考试共两道题，10分钟。

二、请注意听录音，按照录音中考官的指令回答问题并进行口语考试。

三、口语考试结束后，请检查录音是否录上。

中国　北京　　　　　　　　　　　　　中国国家汉语国际推广领导小组办公室

第一题：

你是一家公司的经理，派秘书小刘去机场接东和公司总经理王京平，请你告诉小刘：

1. 接的是什么人
2. 飞机的班次及到达时间
3. 王经理的住宿问题

时间：准备1分30秒；说1分钟。

第二题：

你是一家房地产公司的售楼员，向一位顾客介绍、推销新开发的住宅小区，主要包括以下三个方面：

1. 地理位置、周围环境
2. 户型与房屋面积
3. 价格及入住时间

时间：准备2分30秒；说2分钟。

商务汉语考试（口语）答卷（磁带卡）

```
商务汉语考试（口语）答卷

姓名 _____

国籍 _____

序号 _____

中国　北京　　　中国国家汉语国际推广领导小组办公室
```

商务汉语考试（口语）模拟试卷（二）引导语录音文本

说明：引导语录音是事先录制的，包括考官的提问、说明及情景录音。口语考试开始后，考官和考生的声音都将依次录在考生的录音带或电脑的语音文件上。

考官：你好！请问，你叫什么名字？（空2—3秒）

考官：你是哪国人？（空3—4秒）

考官：你的序号是多少？（空4—5秒）

考官：好，现在请撕开口语试卷的密封条，看试题。（空3—4秒）口语考试一共有两个题目。第一题是：

你是一家公司的经理，你们的贸易伙伴东和公司总经理王京平前来洽谈业务，明天乘飞机到达北京，你派秘书小刘去接他，请你告诉小刘：（1）接的是什么人；（2）飞机的班次及到达时间；（3）王经理到北京以后的住宿安排。现在准备一下，准备时间是1分30秒。

（1分30秒时）

考官：准备时间结束。现在听情景录音，然后回答。说这段话的时间是1分钟。

情景录音：

小刘：经理，您找我有什么事吗？

（1分钟空白时间。在结束前10秒时，有提示音。）

（规定时间到）

考官：第一题考试结束，现在考第二题。第二题是：

你是一家房地产公司的售楼工作人员，有位客户前来咨询，请你从下面三个方面给他介绍一下你们公司新开发的住宅小区：（1）地理位置、周围环境；（2）户型、房屋面积；（3）价格和入住时间。现在准备一下，准备时间是2分30秒。

（2分30秒时）

考官：准备时间结束。现在听情景录音，然后回答。说这段话的时间是2分钟。

情景录音：

（可以听到售楼处其他人的说话声和电话铃声，一位顾客向作为工作人员的考生询问）：你好！我对你们新开发的东方家园小区很感兴趣，你能给我介绍一些具体情况吗？

（2分钟空白时间。在结束前15秒时，有提示音。）

考官：（规定时间到）口语考试到此结束，谢谢你的合作。

商务汉语考试
（写作）
试　卷

第一题：

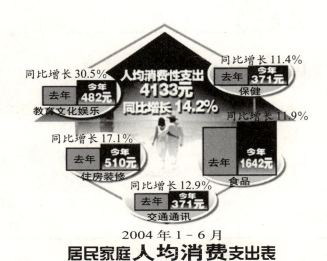

上图是中国某市2004年1—6月居民家庭人均消费支出表。

请写一篇短文：

- 对这张图表进行说明。

要求：80—120字。

第二题：

　　你是金利电器有限公司的销售部经理，你们公司最近研发了一种新型节能空调，市场前景不错，请你给千业国际贸易公司总经理李伟平写一封信推销公司的新产品：

- 介绍自己公司的情况
- 介绍新产品的特点
- 预测市场前景
- 说明可提供产品目录

要求：250字以上。使用书信体。

商务汉语考试（写作）答卷

姓名 _____

国籍 _____

序号 _____

考 试 要 求

一、考试内容：两篇短文

二、考试时间：40分钟

三、书写要求：用汉字书写（可以用繁体字）。每个汉字及标点符号占一个格。

第1页

第一题

80字

120字

第二题

100字

商务汉语考试　　　　　　　　　　　　　　　　15 × 20 = 300

200字

260字

15 × 20 = 300

商务汉语考试（说·写）模拟试卷（二）参考答案

口　语

第一题：

　　小刘，明天你去机场接一下东和公司总经理王京平先生，他乘坐的是CA1515次航班，下午四点半左右到达首都国际机场。接到王总经理以后，你安排他在长城饭店住下，我们在那儿给他预定了房间。

第二题：

　　您好！这个小区是我们公司最近刚开发的，位于青年路上，东边是绿竹公园，环境优美；步行到地铁只需要10分钟，另外还有近10条公交线路经过这里，交通很方便；小区周围有银行、邮局、中小学和一家大型超市。我们的户型种类很多，从两室一厅到四室两厅，面积从70平方米到200平方米，您肯定能找到满意的。和同样的住宅小区比，我们的价格相对便宜一些，平均价格3800元／平方米。楼房建设很快就会完工，估计今年九月份就可以入住。

写 作

第一题：

从这份图表可以看出，2004年1月到6月，人均消费性支出4133元，同比增长14.2%。支出的4133元中，1642元用于食品消费，排在第一位，然后依次是住房装修、教育文化娱乐、交通通讯和保健。其中，教育文化娱乐支出同比增长30.5%，是增长最快的。

第二题：

> 千业国际贸易公司
>
> 李伟平总经理：
>
> 　您好！首先感谢您在百忙之中看这封信。本公司是一家大型家电生产企业，去年国内家电市场占有率为19%，位居第三；我们的产品在国内各大家电市场均有销售，深受广大消费者欢迎，并且远销欧美各国。
>
> 　本公司最近研制开发了一种新型节能空调，和目前市场上同类型产品相比节能10%，比普通空调节能30%。众所周知，能源和环境问题是当前世界上两个最重要的课题，各国都面临着能源危机，都在想方设法节约能源，这种新型空调的问世正是迎合了这种市场需求，一旦大量投入生产，必将受到各国消费者的青睐，具有广阔的市场前景。
>
> 　贵公司从事国际贸易多年，在家电贸易方面有着丰富的经验，一定不会错过这样的市场机遇。随信附上产品目录一份，如果您对该产品感兴趣，欢迎来函来电垂询。如能与贵公司合作，我们将感到十分荣幸。
>
> 　　　敬祝
>
> 　商祺！
>
> 　　　　　　　　　　　　　　　　金利电器有限公司销售部经理　赵瑞
>
> 　　　　　　　　　　　　　　　　　　　　　　　2006．8．3

商务汉语考试（听·读）模拟试卷（三）

商 务 汉 语 考 试

（听·读）

试 卷

注 意 事 项

一、考试包括两项内容：

　　1. 听力（50题，约40分钟）

　　2. 阅读（50题，60分钟）

　　考试约需100分钟。

二、注意试题的说明，按照说明的要求回答问题。

三、答案必须写在答卷上。做选择题时，请用铅笔在答卷中涂黑代表正确答案的字母，每题只能涂黑一个字母，如：[A][■][C][D]。多涂作废。请注意，字母一定要涂得粗一些，重一些。做填空或简答题时，请将答案写在答卷的横线上。

四、请在规定的时间内做相应的试题。

五、遵守考场规则，听从主考的指令。考试结束后，请把试卷和答卷放在桌上，等监考人员收回、清点无误后，才能离场。

中国　北京　　　　　　　　　　　　　　中国国家汉语国际推广领导小组办公室

一、听　力

（50题，约40分钟）

第一部分

说明：1—12题，在这部分试题中，每一题你将听到一个人问一句话，另一个人说出ABC三种应答。请你选出最恰当的应答。问话和应答都没有印在试卷上，只播放一遍。

例如：第5题：你听到一个人问：……

你听到另一个人应答：……

最恰当的应答是A. 王经理。你应该在答卷上涂 [■] [B] [C]。

1. A.　　　　　　B.　　　　　　C.

2. A.　　　　　　B.　　　　　　C.

3. A.　　　　　　B.　　　　　　C.

4. A.　　　　　　B.　　　　　　C.

5. A.　　　　　　B.　　　　　　C.

6. A.　　　　　　B.　　　　　　C.

7. A.　　　　　　B.　　　　　　C.

8. A.　　　　　　B.　　　　　　C.

9. A.　　　　　　B.　　　　　　C.

10. A.　　　　　　B.　　　　　　C.

11. A.　　　　　　B.　　　　　　C.

12. A.　　　　　　B.　　　　　　C.

第二部分

说明：13—32题，在这部分试题中，你将听到20段简短的对话或讲话。每段录音只播放一遍。请你一边听一边根据试卷上的提问从ＡＢＣＤ四个选项中选择最恰当的答案。

例如：你在试卷上看到第15题的问题和四个选项：

15. 这位女士想下调多少？

A. 5%　　　　B. 10%　　　　C. 15%　　　　D. 20%

你听到：……

最恰当的答案是 C。你应该在答卷上涂 [A] [B] [■] [D]。

13．旅行社在哪儿？

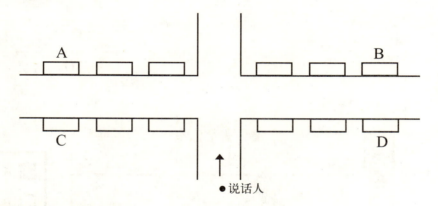

14．男士喜欢哪种毛衣？

A　　　　　　　B　　　　　　　C　　　　　　　D

15．他们决定买哪种？

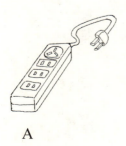 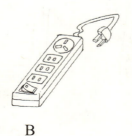  

A　　　　　　　B　　　　　　　C　　　　　　　D

16. 广告牌做好后什么样？

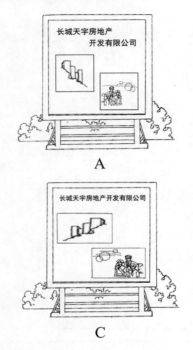
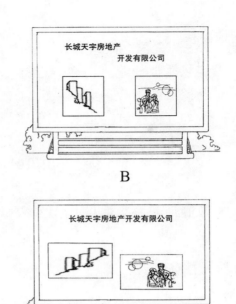

17. 下面哪个是上海的数字？

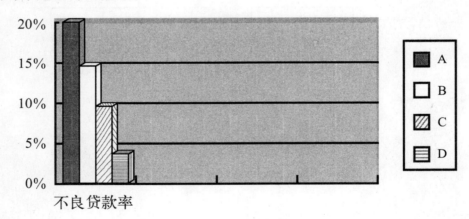

18. 男士喜欢的是哪款手机？

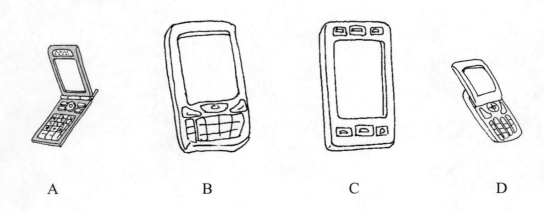

19. 他们选的是哪个位置的票？

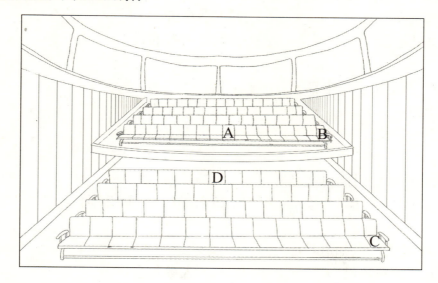

20. 说话人讲的是哪一幅图？

A

B

C

D

21. 男士想了解什么情况？
    A. 刷卡手续费问题　　　　B. 网上刷卡购物程序
    C. 可以刷卡的商家　　　　D. 如何查询交易情况

22. 男士对更换硬盘是什么态度？
    A. 交100块钱就行　　　　B. 不确定能不能换
    C. 明天才可以来取　　　　D. 三四天以后再来

23. 男士去银行干什么？
    A. 办理销户   B. 重办存折
    C. 往境外汇款   D. 取出所有的钱

24. 女士为什么给男士打电话？
    A. 她迷路了   B. 与男士谈业务
    C. 给男士送快件   D. 约男士下午见面

25. 股东大会召开的时间可能是：
    A. 12号   B. 21号   C. 25号   D. 27号

26. 从对话中我们可以知道：
    A. 现有的材料不够   B. 有六人参加会议
    C. 会议改在上午举行   D. 怎么样向领导汇报

27. 那包饼干：
    A. 是朋友送的   B. 没过保质期
    C. 被男士吃完了   D. 标着生产日期

28. 为什么电梯去四层的灯不亮？
    A. 停电了   B. 电梯坏了
    C. 电梯直达六层   D. 女士按错了

29. 这家超市怎么了？
    A. 已经倒闭   B. 今天休息
    C. 正在装修   D. 暂停营业

30. 关于三地市民，下面哪句话正确？
    A. 收入居全国前列   B. 北京人不爱储蓄
    C. 上海人不怕风险   D. 广州人喜欢投资

31. 新的董事长是：
    A. 张红   B. 王强   C. 李明   D. 还没确认

32. 东港是一个什么样的城市？
    A. 夏天比较热   B. 常有高温预警
    C. 适合夏季旅游居住   D. 最高气温只有28.8度

第三部分

说明：33—42题，在这部分试题中，你将听到几段比较长的对话或讲话。每段只播放一遍。请你一边听一边根据试卷上的提问从ＡＢＣＤ四个选项中选择最恰当的答案。答案请涂在答卷上。

33—35题

33. 熊先生认为，与传统的营销模式相比，电子商务：
   A. 成本较低   B. 需要很多业务员
   C. 开支很大   D. 已经有很大市场

34. 熊先生认为电子商务部一年来的业务：
   A. 交易量很大   B. 路子不太对
   C. 客户不够多   D. 比较成功

35. 熊先生认为公司没有把产品销往国外的原因是：
   A. 国外客户很少   B. 时机不到
   C. 产品不适合出口   D. 没有订单

36—38题

36. 关于崇明岛，下面哪句话是对的？
   A. 是繁华的商业区   B. 是中国第二大岛
   C. 面积1200平方公里 D. 休闲度假设施已建成

37. 关于崇明岛，他们主要讨论了什么问题？
   A. 定位和规划问题   B. 人与自然的关系
   C. 对上海发展的影响 D. 如何进行科学实验

38. 女士怎么看上海市的做法？
   A. 有利于保护自然环境
   B. 能取得良好经济效益
   C. 还应进一步挖掘潜力
   D. 应采取更有力的手段

39—42题

39. 北京市收集的意见认为个税起征点最低应为：
 A. 1051元　　　　　　　　　B. 1500元
 C. 2000元　　　　　　　　　D. 2080元

40. 个税免征额存在什么问题？
 A. 缺乏统一性　　　　　　　B. 拟定的数额偏高
 C. 对将来估计不足　　　　　D. 没考虑农村居民收入

41. 关于居民的生活，哪句话是对的？
 A. 收入不断增长　　　　　　B. 支出增长过快
 C. 实际生活水平降低　　　　D. 农村居民收入降低

42. 关于个税免征额，北京市收集的意见是：
 A. 全国应采取相同标准
 B. 应由各地政府负责调整
 C. 应该不定期地进行调整
 D. 不应以法律形式长期固定

第四部分

说明：43—50题，在这部分试题中，你将听到几段对话或讲话。每段只播放一遍。请你一边听一边在横道上填写数字或汉字。

例如：你看到：

王刚，男，今年(46)_____岁，专业是(47)_____。

你听到……

你应该在(46)后面写"24"，在(47)后面写"计算机"。答案请写在答卷上。

43—45题

电话记录

投诉人姓名：(43)_____，电话：(44)_____

投诉部门：(45)_____牌运动服装专柜

46—47题

商场内广播

从9月29日至(46)_____在商场购买化妆品满100元可以得到15元礼券。另外，海信家电正在商场(47)_____举办大型展销会。

48—50题

我国法律维护消费者的合法(48)_____。但是在实际生活当中，消费者和经营者之间似乎存在着(49)_____。跟商家相比，消费者在(50)_____的占有上处于弱势地位。这个问题如果解决不好，就有可能破坏公平的交易秩序，甚至影响到社会的稳定、经济的发展。

听力考试结束。
不要提前翻看下一页，等主考下了指令以后再看下一页阅读。

二、阅 读

(50题，约60分钟)

第一部分

说明：51—72题，每段文字后面有一到几个问题，请选择最恰当的答案。答案请涂在答卷上。

51题

环球商务咨询服务公司

王美红　亚太部　经理

地址：南京市鼓楼区福州路8号商业大厦2-11-6
邮编：230233
电话（办）：(025) 6605-2888
传真：(025) 6605-2886
E-mail：mhwang@hotmail.com
公司网址：www.ubcs.com

51．这张名片提供了王美红的哪种信息？
　　A. 住宅电话　　　　　B. 家庭住址
　　C. 个人主页　　　　　D. 电子信箱

52题

52．这是哪天的车票？
　　A. 11号　　B. 17号　　C. 19号　　D. 22号

53题

53. 打96123可以：

　　A. 订旅馆　　　B. 提意见　　　C. 找旅行社　　　D. 买休闲产品

54题

54. 这张招牌的意思是：

　　A. 欢迎参观　　　　　　　B. 照照片要付钱
　　C. 招合作单位　　　　　　D. 可以照两张相

55题

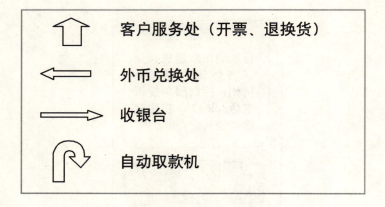

55．顾客去交钱应该怎么走？

　　A. 往前走　　B. 往左走　　C. 往右走　　D. 往前走右拐

56题

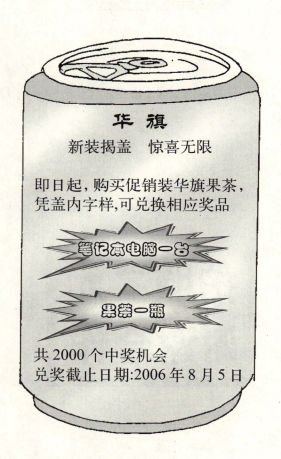

56．这段文字介绍了新产品的：

　　A. 包装　　　　　　　　　　B. 产量
　　C. 上市时间　　　　　　　　D. 促销方式

57—58题

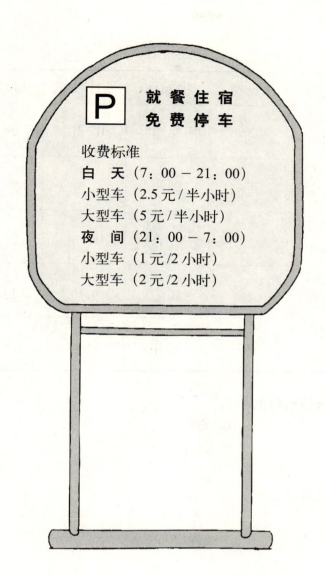

57. 一位女士开着一辆小汽车来吃午饭，停车一小时，要交多少钱？

    A. 0元　　　　　　　　B. 0.5元

    C. 2.5元　　　　　　　D. 5元

58. 一辆大型旅游客车下午停车两小时，要交多少钱？

    A. 0元　　　　　　　　B. 2元

    C. 5元　　　　　　　　D. 20元

59—60题

航班号	航空公司	候机楼	出发地	预计时间	实际时间	状态
RBW964	山东航空公司	2	呼和浩特	09:30	09:43	
CZ3177A	中国南方航空公司	1	郑州			取消
CZ6143	中国南方航空公司	1	长春	09:40	09:50	
CA1206	中国国际航空公司	2	西安	9:40	13:27	
MU2121	中国东方航空公司	2	银川	09:55	09:55	

59．飞往哪里的航班推迟时间最长？
   A．郑州　　　　　　　　B．长春
   C．西安　　　　　　　　D．银川

60．哪个航班今天没有了？
   A．RBW964　　　　　　B．CZ3177A
   C．CZ6143　　　　　　 D．CA1206

61—62题

自驾游组合保险

中国人民财产保险股份有限公司　　　全国 24 小时保险服务热线：95518

★ 喜爱驾车出游的朋友们，为了消除您的后顾之忧，享受大自然给您带来的惬意，中国人民财产保险股份有限公司为您准备了"自驾游"组合保险产品，为您提供全面保障和呵护。
★ "自驾游"组合保险保障内容：旅行途中的人身意外伤害、急性疾病、行李损坏丢失、车辆救助费用、医疗费用。
★ 每人最高达 20 万元的人身保障、3000 元的财产费用保障。
★ 我们将一如既往地秉承"以客户为中心，以市场为导向"的经营理念，为广大自驾旅游爱好者提供优质的保险服务！

公司网址：http://www.picc.com.cn　　　电子商务平台：http://www.e-picc.com.cn

61. 关于这家保险公司，下面哪项正确？
    A. 可提供租车服务　　　　　　B. 主要从事电子商务
    C. 制定了新的经营理念　　　　D. 已开通全天服务电话

62. 这则广告介绍的险种：
    A. 面向参加旅游团的游客　　　B. 交 3000 元，可获 20 万元赔偿
    C. 适用于自己开车旅行的人　　D. 对车辆的日常救助提供保障

63—64题

国家统计局对31个省（区、市）的104107个家庭进行的第五次全国群众安全感抽样调查中显示：最关注的社会问题中，被调查者选择——

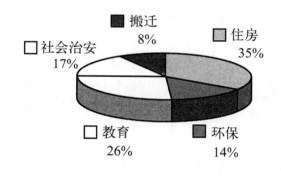
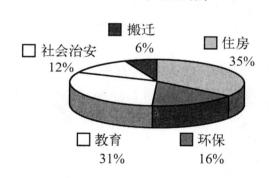

63. 与2004年相比，关注度下降的问题有几个：
    A. 1个　　　B. 2个　　　C. 3个　　　D. 4个

64. 2005年，关注度由低到高依次是：
    A. 搬迁、社会治安、环保、教育、住房
    B. 搬迁、环保、社会治安、教育、住房
    C. 住房、教育、环保、社会治安、搬迁
    D. 住房、教育、社会治安、环保、搬迁

65—68 题

食 品 检 查

昨日，市食品安全办、市工商局责令36批次的小食品从北京市场下架，其中味美集团的自有品牌"味美"牌五香牛肉干等5个批次食品上黑榜。

在此次下架名单中，苏州香香食品有限公司生产的牛肉制品出现的问题最多，共有12个批次的牛肉干被检出柠檬黄不合格，除了"香香"品牌外，最引人瞩目的就是由该公司制造、北京果农食品有限公司监制的共5批次的"味美"牌五香牛肉干，这是味美集团的自有品牌产品。

味美集团有关人士介绍，此次公布的5批次牛肉制品已于8月初在全市味美店下架，工商部门也已进行了罚款处理。经过调查，不合格食品主要是原材料出现了问题，而不是制作工艺的问题，更不是故意以次充好。而且产品在上市之前是通过了质监部门检测的。

味美集团称，公司目前已经与生产商苏州香香食品有限公司停止了合作，不再将其列入味美的生产供货商。同时调整了准入措施，从原来只要求生产商提供原材料配方，改为必须提供原材料检验合格证明。不过，香香食品在味美销售的时间并不长，涉及范围还不大。如果市民购买了此次下架之列的"味美"食品，可凭购物小票或食品包装袋到味美各门店退换货。

65．"味美"牌五香牛肉干：

    A. 质量有问题   B. 已经销售完了

    C. 是味美集团制造的   D. 很受北京市场欢迎

66．苏州香香食品有限公司共有多少个批次的牛肉干被下架？

    A. 5个   B. 7个

    C. 12个   D. 36个

67．造成牛肉干下架的主要原因是：

    A. 原材料   B. 制作工艺

    C. 假冒品牌   D. 包装不合格

68．味美集团和香香食品有限公司的合作：

    A. 长期稳定   B. 改变了方式

    C. 不再继续   D. 缩小供货范围

69—72题

(传真一)

江泰集团公司销售部：
　　3月8日，我们参加了在北京举行的轻工产品博览会，贵公司生产的羽人牌羽绒服给我们留下了深刻印象。回到兰州后，我公司市场、技术等方面的人员对我们带回的样品进行了研究，一致认为羽人牌羽绒服用料考究，样式新颖，做工精细，在甘肃市场会有很好的销路。
　　为此，我们竭诚希望与贵方建立直接供销关系，可否由贵方直接向我公司批发供货，或由我方为贵方代销。如贵方同意，我方将派员前往洽谈，有关事宜，待贵方答复后再进行商议。企盼回复。

　　　　　　　甘肃兰州市兰新贸易公司
　　　　　　　　　　　2005年3月18日

(传真二)

兰州市兰新贸易公司：
　　贵公司3月18日的传真收悉。十分感谢贵公司对我产品的信任。
　　贵公司要求建立业务关系的建议，从长远看有助于我方开拓西北市场，打开产品销路，在此谨致谢忱。但是我公司羽人牌羽绒服，正处于试生产阶段，尚未形成规模，所以，目下较难考虑西北地区的销售问题。至今年八月，羽人牌羽绒服批量生产后，我方定会与贵公司联系。在此谨致歉意。

　　　　　　　　　江泰集团公司销售部
　　　　　　　　　　　2005年3月22日

69．兰新贸易公司发传真的目的是：
　　A. 索取羽绒服样品　　　　　　B. 询问对方何时供货
　　C. 希望同对方建立业务关系　　D. 申请参加轻工产品博览会

70．对兰新公司的要求，江泰集团：
　　A. 欣然接受　　　　　　B. 不愿意考虑
　　C. 目前无法满足　　　　D. 还要进一步研讨

71．关于羽人牌羽绒服，这两份传真告诉我们：
　　A. 在甘肃销量不错　　　　B. 由兰新公司代销
　　C. 正在开拓西北市场　　　D. 下半年投入批量生产

72．传真二的语气怎样？
　　A. 冷淡　　　　B. 着急
　　C. 怀疑　　　　D. 抱歉

第二部分

说明：73—84题，每段文字中有若干个空儿，每个空儿右边有ＡＢＣＤ四个词语，请选择最恰当的词语。答案请涂在答卷上。

73—78题

　　不同公司的企业文化体现在他们的面试策略上也是＿＿（73）＿＿。技术面试的手段还比较容易预料，＿＿（74）＿＿现场编程、现场设计电路之类，只要肚里有货，就不怕他出花样。＿＿（75）＿＿其他方面的面试就让人难以预料了。有的会要求应聘者唱首歌或者＿＿（76）＿＿个小品，这是＿＿（77）＿＿看看应聘者的性格和表现力，有的让应聘者共同做游戏以观察其＿＿（78）＿＿具有团队合作精神。

73. A. 七上八下　　　　B. 大不相同
　　C. 千篇一律　　　　D. 不约而同

74. A. 除了　　B. 不如　　C. 也就是　　D. 要不然

75. A. 即　　　B. 和　　　C. 就　　　　D. 但

76. A. 生产　　B. 制造　　C. 表演　　　D. 表现

77. A. 因为　　B. 为了　　C. 因此　　　D. 以

78. A. 是否　　B. 如果　　C. 确定　　　D. 现实

79—84题

　　这里　(79)　有多少煤？据正在进行勘探工作的几位工程技术人员介绍，他们经过最近六年的普查，(80)　在神木境内初步探明的储量就达数百亿吨之多。而随着勘查工作的　(81)　，新的煤炭资源又在陕北其他地方陆续发现，因此有人说这一带煤藏丰富是有道理的，专家们还兴致勃勃地说，这里不仅煤多，而且埋藏浅，地质构造简单，(82)　开采，煤质也非常好，(83)　含有的灰分、硫、磷的比例之小好于国家规定的标准和国际商品煤的要求，(84)　洗选就可以作为商品煤在国际市场销售；衡量煤炭质量优良的发热量为7000大卡左右，在国内外都是数得着的。

79. A. 到底　　B. 已经　　C. 其实　　D. 最后

80. A. 仅　　　B. 才　　　C. 不过　　D. 只有

81. A. 结束　　B. 普查　　C. 普遍　　D. 展开

82. A. 不便　　B. 容易　　C. 继续　　D. 坚持

83. A. 其他　　B. 其中　　C. 之间　　D. 内容

84. A. 没有　　B. 已经　　C. 不必　　D. 曾经

第三部分

说明：85—94题，每组有ABCD四段短小的文字材料，请判断哪个问题或句子分别与哪段材料有关系。答案请涂在答卷上。

85—89题

你们的家电卖场打算经销某一品牌手机。请带着下面的问题查一下各类手机介绍。

例如：哪款手机采用了直板设计？　　最恰当的答案是B。

85．哪款手机价格最便宜？
86．哪款手机支持手写？
87．哪款手机机身采用了防滑设计？
88．哪款手机的屏幕可以旋转？
89．哪款手机设计了摄像快捷键？

A　波导DV10

采用了传统的折叠设计，其大小尺寸仅为：82mm × 43mm × 21mm，重83克。整机的颜色还是以深蓝色和银色搭配，在外屏下面内置了独立的扬声器和摄像头，机身左侧有音量大小的调节键和摄像的快捷键，而机身顶部则设有耳机插槽。其键盘设计便于操作。

B　明基M300

采用了直板式的设计，机身大小为102 × 44 × 18mm，重量为85克。M300的机身两侧采用了防滑设计，以一个个小圆点修饰两边。其整机按键在设计上也有别于一般的手机产品，圆滑的线条使操作更为舒适。机身内置的11万像素摄像头虽然不尽如人意，不过考虑到1380元的价格，这款手机的确具有一定诱惑力。

C　飞利浦760

上市仅半个月的760不仅作为飞利浦的首款百万像素手机，同时还是飞利浦第一款旋影手机，两项卖点均为飞利浦品牌的自我第一，因此760的上市很受大家的关注。百万像素搭配可270度旋转的屏幕，再加上仅2800元的价位使760有着极大的竞争力。

D　联想P902

整体以黑色和银色相搭配，是一款支持手写输入体系的机型。机身背后内置了130万像素的摄像头，并带有闪光灯，而在摄像头右边则是一个独立的扬声器。翻开机盖，可视面积高达2英寸的屏幕显现出来，点击屏幕下方的图标可进入主菜单。

90—94题

请确定哪个句子和哪段文字有关系。

例如：中国商业银行储蓄和GDP的关系。 最恰当的答案是A。

90．消费贷款业务前景。

91．银行环境改善。

92．中国的银行比率过高。

93．境外投资者可提供更专业的服务。

94．中国企业融资渠道。

A 中国的银行并未成为21世纪最伟大的增长奇迹。事实上，中国已经面临严重的银行过剩，其程度在发展中国家中是非常突出的；而且中国商业银行储蓄接近GDP的200%，银行体系中的贷款总额是GDP的130%。全世界只有台湾和香港才有更高的银行比率，发达国家的平均数字比这要低出很多。

B 其中的原因其实很简单，是由于中国大陆企业在过去20年里缺乏其他的外部融资渠道，内部也没有其他投资选择。但随着中国新生的股票、债券和房地产市场的成熟，我们预计，公司的举债比例将稳步下降，内部的投资也将日趋多元化。因此，银行消费信贷业务的前景相当可观，但企业贷款业务却难以被看好。

C 综合来看，外资银行和投资者购入中国的银行股份是一个"双赢"的选择。境外投资者可以为中国企业改革提供"一站式服务"——提供全球性的管理顾问、人力资源等。同时，通过中国国有银行遍布城乡的分支机构和服务网络，外资银行能在更专业的业务领域发挥重要作用。

D 中国的银行体系显然不会崩溃——现在不会，在可预见的未来也不会。通过对中国银行体系的详细研究，我们认为，过去十年来银行环境发生了重大的变化——监管更完善，宏观政策制定更合理，内部控制更好，贷款人的资质也已提升。当然，这并不意味着中国银行业现在的贷款决策完全合理。

第四部分

说明：95—100 题，读后写出简要的回答。每题的答案只能用 1—10 个字。答案请写在答卷上。

95—100 题

请阅读《徐少春和他的金蝶软件集团》后回答下列问题。

例如：徐少春是什么地方的人？　　　最恰当的答案是：湖南沅江

95．徐少春在什么单位取得了自己的最高学历？
96．金蝶公司最主要业务是什么？
97．金蝶在市场上最大的竞争对手是哪家公司？
98．2003 年，金蝶的发展战略是什么？
99．1993 年，与徐少春合资创办金蝶软件科技有限公司的外商是谁？
100．现在徐少春在金蝶占有多少股份？

徐少春和他的金蝶软件集团

　　徐少春，湖南沅江人，1963 年出生；1983 年毕业于东南大学计算机科学系；后师从于著名会计理论学家杨纪琬教授，于 1988 年财政部科学研究所硕士毕业，主修会计电算化研究；1991 年创办深圳爱普电脑技术有限公司；1993 年与外商合资创立深圳金蝶软件科技有限公司；1999 年 9 月将公司改组为金蝶国际软件集团，任主席兼总裁至今。

　　在财务软件的发展史上，徐少春将自己和金蝶描述为"后起之秀"。金蝶初出道时，用友、万能、安易等已拥有了很高的知名度和市场占有率。1996 年，金蝶开发了 Windows 版本财务软件，迅速得到了市场认可，金蝶异军突起，财务软件市场很快就有了"南金蝶，北用友"之说。1998 年，IDG 注资金蝶，同时引进了先进的管理思想、方法和模式，为金蝶的进一步发展奠定了坚实基础。2002 年初，金蝶国际并购北京开思软件公司。2002 财政年度，金蝶国际全年综合营业额达 3.18 亿元。2003 年，金蝶提出"产品领先、伙伴至上"的战略，该公司将在未来 3 年内把一部分增值服务业务交由战略合作联盟，而把公司的业务重点集中于软件开发。徐少春说，"金蝶是一家软件公司，我们的专业就是软件技术与开发。走过10年之路，回过头来看金蝶，还是最长于做软件产品。这是金蝶与所有竞争对手竞争中最强的一项，我要将金蝶的核心竞争力找回来。"

徐少春曾经提出的"三核理论"是金蝶高速发展的最好注解之一。他认为，在企业的全体员工都具有统一的"核心价值观念"，企业培育出"核心竞争力"之后，企业就可能实现"核爆炸"——超速成长和扩张。

随着金蝶的发展，徐少春的股份在逐步稀释，1993年跟美籍华人赵西燕女士合资，徐的股份从90%稀释到35%，到上市后又变成了19%。但由于金蝶的"饼"越做越大，徐的个人资产仍然在迅速增加。徐少春曾总结道："在创业时期，企业家的胆子有多大，产量就有多大；在公司规模化之后，企业家的胸怀有多广，他的事业就有多大。"

阅读考试结束。

商务汉语考试（听·读）答卷

商务汉语考试（听·读）答卷

姓名	中文	
	英文	

B ▬

序号	
	[0] [1] [2] [3] [4] [5] [6] [7] [8] [9]
	[0] [1] [2] [3] [4] [5] [6] [7] [8] [9]
	[0] [1] [2] [3] [4] [5] [6] [7] [8] [9]
	[0] [1] [2] [3] [4] [5] [6] [7] [8] [9]
	[0] [1] [2] [3] [4] [5] [6] [7] [8] [9]

国籍/民族	
代号	[0] [1] [2] [3] [4] [5] [6] [7] [8] [9]
	[0] [1] [2] [3] [4] [5] [6] [7] [8] [9]
	[0] [1] [2] [3] [4] [5] [6] [7] [8] [9]

性别	
男	▭
女	▭

考点代号	
	[0] [1] [2] [3] [4] [5] [6] [7] [8] [9]
	[0] [1] [2] [3] [4] [5] [6] [7] [8] [9]
	[0] [1] [2] [3] [4] [5] [6] [7] [8] [9]

试卷号码	

听力

1 [A] [B] [C]	2 [A] [B] [C]	3 [A] [B] [C]	4 [A] [B] [C]	5 [A] [B] [C]
6 [A] [B] [C]	7 [A] [B] [C]	8 [A] [B] [C]	9 [A] [B] [C]	10 [A] [B] [C]
11 [A] [B] [C]	12 [A] [B] [C]			
13 [A] [B] [C] [D]	14 [A] [B] [C] [D]	15 [A] [B] [C] [D]	16 [A] [B] [C] [D]	17 [A] [B] [C] [D]
18 [A] [B] [C] [D]	19 [A] [B] [C] [D]	20 [A] [B] [C] [D]	21 [A] [B] [C] [D]	22 [A] [B] [C] [D]
23 [A] [B] [C] [D]	24 [A] [B] [C] [D]	25 [A] [B] [C] [D]	26 [A] [B] [C] [D]	27 [A] [B] [C] [D]
28 [A] [B] [C] [D]	29 [A] [B] [C] [D]	30 [A] [B] [C] [D]	31 [A] [B] [C] [D]	32 [A] [B] [C] [D]
33 [A] [B] [C] [D]	34 [A] [B] [C] [D]	35 [A] [B] [C] [D]	36 [A] [B] [C] [D]	37 [A] [B] [C] [D]
38 [A] [B] [C] [D]	39 [A] [B] [C] [D]	40 [A] [B] [C] [D]	41 [A] [B] [C] [D]	42 [A] [B] [C] [D]

43 [A] [B] ________	44 [A] [B] ________	45 [A] [B] ________
46 [A] [B] ________	47 [A] [B] ________	48 [A] [B] ________
49 [A] [B] ________	50 [A] [B] ________	

阅读

51 [A] [B] [C] [D]	52 [A] [B] [C] [D]	53 [A] [B] [C] [D]	54 [A] [B] [C] [D]	55 [A] [B] [C] [D]
56 [A] [B] [C] [D]	57 [A] [B] [C] [D]	58 [A] [B] [C] [D]	59 [A] [B] [C] [D]	60 [A] [B] [C] [D]
61 [A] [B] [C] [D]	62 [A] [B] [C] [D]	63 [A] [B] [C] [D]	64 [A] [B] [C] [D]	65 [A] [B] [C] [D]
66 [A] [B] [C] [D]	67 [A] [B] [C] [D]	68 [A] [B] [C] [D]	69 [A] [B] [C] [D]	70 [A] [B] [C] [D]
71 [A] [B] [C] [D]	72 [A] [B] [C] [D]	73 [A] [B] [C] [D]	74 [A] [B] [C] [D]	75 [A] [B] [C] [D]
76 [A] [B] [C] [D]	77 [A] [B] [C] [D]	78 [A] [B] [C] [D]	79 [A] [B] [C] [D]	80 [A] [B] [C] [D]
81 [A] [B] [C] [D]	82 [A] [B] [C] [D]	83 [A] [B] [C] [D]	84 [A] [B] [C] [D]	85 [A] [B] [C] [D]
86 [A] [B] [C] [D]	87 [A] [B] [C] [D]	88 [A] [B] [C] [D]	89 [A] [B] [C] [D]	90 [A] [B] [C] [D]
91 [A] [B] [C] [D]	92 [A] [B] [C] [D]	93 [A] [B] [C] [D]	94 [A] [B] [C] [D]	

95 [A] [B] ________	96 [A] [B] ________	97 [A] [B] ________
98 [A] [B] ________	99 [A] [B] ________	100 [A] [B] ________

商务汉语考试（听·读）模拟试卷（三）听力录音文本

第一部分

> 说明：第1到第12题，在这部分试题中，每一题你将听到一个人问一句话，另一个人说出ＡＢＣ三种应答。请你选出最恰当的应答。问话和应答都没有印在试卷上，只播放一遍。
> 例如：
> 　　第5题：你听到一个人问：您好，请问您找谁?
> 　　　　　你听到另一个人回答：A. 王经理。
> 　　　　　　　　　　　　　　　B. 我去找他。
> 　　　　　　　　　　　　　　　C. 请您问吧。
> 最恰当的应答是A. 王经理。你应该在答卷上涂黑A。好，现在我们开始做第1题。

第1题：

男：这路车是到动物园的吗?

女：A. 那条路。

　　B. 十分钟。

　　C. 这车不到。

第2题：

男：在这儿买东西可以刷卡吗?

女：A. 不好意思，刷不了。

　　B. 对不起，没有卡。

　　C. 抱歉，不能优惠。

第3题：

女：这两种灯有什么不一样?

男：A. 一共两种。

　　B. 这种材料好。

　　C. 等了一会儿。

第 4 题：

男：还有没有牙科专家号？我挂一个。

女：A. 牙不疼了。

B. 您是几号？

C. 已经没了。

第 5 题：

男：我来找王总办事，请问，他的办公室在几层？

女：A. 他没事儿。

B. 您预约了吗？

C. 他是第一次来。

第 6 题：

男：您要换多少美元？

女：A. 有很多。

B. 很漂亮。

C. 换两百。

第 7 题：

女：请问录像机你们能不能修？

男：A. 已经录好了。

B. 休息一会儿。

C. 您拿来吧。

第 8 题：

女：这件衣服要是不合适，多长时间可以退换？

男：A. 真不合适。

B. 还书去那边。

C. 三天之内。

第 9 题：

男：我的优惠卡丢了，可以不可以补办？

女：A. 我没看见。

　　B. 不记名的不能补。

　　C. 已经很优惠了。

第 10 题：

男：我要买一张今天21次到上海的硬卧车票。

女：A. 只有站票了。

　　B. 去过两三次。

　　C. 我不去上海。

第 11 题：

男：我给你在这儿拍张照片，怎么样？

女：A. 拍得挺好。

　　B. 我们一起照吧。

　　C. 照片洗出来了。

第 12 题：

男：会议地点怎么改了？

女：A. 原来那家宾馆要装修。

　　B. 对，我们昨天搬家了。

　　C. 把会议室的桌子换一下。

第二部分

> 说明：第13到第32题，在这部分试题中，你将听到20段简短的对话或讲话。每段录音只播放一遍。请你一边听一边根据试卷上的提问从ABCD四个选择中选择最恰当的答案。
>
> 例如：你在试卷上看到第15题的问题和4个选项：
>
> 15. 这位女士想下调多少？
>
>   A. 5%   B. 10%   C. 15%   D. 20%
>
> 你听到：
>
> 第15题：这位女士想下调多少？
>
> 男：我们同意把出厂价下调10%。
>
> 女：10%太少了，我们希望能下调15%。
>
> 男：怎么？多下调5%？我得跟总经理商量一下。
>
> 最恰当的答案是C。你应该在答卷上涂黑C。好，现在我们开始做第13题。

第13题：旅行社在哪儿？

女：请问，春天旅行社是在这一层吗？

男：对。往右拐，左手第三个房间就是。门口竖着一个大牌子。

女：谢谢。

第14题：男士喜欢哪种毛衣？

女：欢迎光临，这边几款都是今年的新样式。这款高领的样式简洁，卖得不错。

男：我不太喜欢套头衫，有没有翻领的开衫，最好不要带拉链的。

女：那您看看这种，小翻领，下面有三个扣子，很大方。

男：是不错，拿件大号的试试。

第15题：他们决定买哪种？

女：这里的插座品种真不少，都看花眼了。

男：咱们家电器多，买这个带四个插孔的吧。

女：这种不带开关，不好。哎，这种三个插孔的有开关。

男：它的线也比较长，就要这个吧。

第16题：广告牌做好后什么样？

女：广告牌我们设计了两种样式，您看哪种好？

男：这种正方形的不错，不过我们公司的名字不要分成两行，一行比较好。另外，在公司名称下面可以加上两幅长方形的宣传照片。

女：好，我们马上请人做。

第17题：下面哪个是上海的数字？

就目前的情况来看，上海的金融秩序呈现良好的态势。举个例子来说，目前上海中资金融机构不良贷款的比例为3.96%，不到10%，全国的数字是20%，北京是15%。可以说，上海对金融风险的控制能力很强，已经成为我国金融政策的综合实验区。

第18题：男士喜欢的是哪款手机？

女：这两款手机外观不错，屏幕大，天线是内藏式的。

男：可是个头稍大了一些。这款翻盖的好，可以防止屏幕损坏。

女：翻盖的是不错，可这种天线外置的，已经过时了。

男：我又不赶时髦，只要实用就好。

第19题：他们选的是哪个位置的票？

女：你看，100元的票还有这么几处座位，楼上前两排靠中间的，一楼后几排中间的，还有就是一楼前排靠边上的。

男：看话剧我喜欢坐在前边，不要太远。靠边上一点也没关系。咱们就要楼下靠右边这两个座位吧。

女：我也觉得坐在前面一点看得清楚。就这样吧。

第20题：说话人讲的是哪一幅图？

我公司最近推出了一款保险产品，为了使更多的客户了解这款产品的优点，我们于上月在多功能厅举办了大型的B型理财保险产品推介会。公司副总经理运用PPT文件对产品进行了全面细致的展示说明。与会的新老客户都表示了极大的兴趣，有很多晚来的客户甚至站着听完了演示报告。

第21题：男士想了解什么情况？

男：你好，我想问一下。刷卡消费是要交1%的手续费吗？

女：手续费由商家承担。

男：我今天刷了880元，上网一查，扣了8块8的手续费。

女：查当天的交易会出现这样的情况，您明天查就没问题了。

第22题：男士对更换硬盘是什么态度？
女：我来换我的移动硬盘，我给你们打过电话，你们说只要交100块钱就可以换个新的。
男：让我看看。哟，外壳已经变形了。能不能换我们还要找厂家。你放在这儿吧。
女：可我明天必须用这个盘。
男：那只好等您方便的时候再拿来了，得需要三四天才能有结果。

第23题：男士去银行干什么？
男：我已经结清账款了，存折你们不收吗？
女：我没给您办销户。这个存折您可以留着，以后还可以用。
男：里面已经没钱了，留着还有什么用呢？
女：需要存钱的话您随时都可以恢复，还可以接收境外汇款。

第24题：女士为什么给男士打电话？
女：请问您是张明先生吗？我是快递公司。我们这里有一个您的快件。您什么时候在家？
男：我在外地。这样吧，您下午送到我办公室交给我的秘书吧。
女：好，麻烦您说一下办公室的地址。

第25题：股东大会召开的时间可能是什么时候？
女：王总，快到年底了，按照惯例需要召开一次股东大会，您看安排在哪天比较好？
男：就安排在本月下旬吧，下旬我好像还有两个会，你查看一下日程，是什么时间？
女：21号和27号。
男：你再打电话问问其他股东，就在这两天之间选一个时间吧。

第26题：从对话中我们可以知道什么？
男：小刘，总公司的张总和王总要来参加咱们的业绩报告会。你多准备几份材料。
女：好，我现在就去复印。上午印了六份了，再印多少份呢？
男：再印上六份就差不多了。

第27题：关于那包饼干，我们可以知道什么？
女：哎呀，那包饼干都过期好长时间了，你怎么还吃？

男：你看，这不是写着生产日期05年7月，哪儿过期了。

女：咳，那是失效日期。朋友送的时候特别嘱咐我来着。

男：管它呢！我觉得挺好吃的，你不吃我吃。

第28题： 为什么电梯去四层的灯不亮？

女：请问，我想去四层，我按了四，可是这部电梯的灯怎么不亮？

男：不好意思，现在是客流高峰时间，这部电梯直通六层。到其他楼层请坐对面的电梯。您看，就在瑞士手表柜台旁边。

女：是这样，谢谢。

第29题： 这家超市怎么了？

男：哎，今天停车场的车怎么这么少啊？

女：少还不好，每次来都得等车位。哟，你看布告，今天不开门。

男：我想起来了，上个星期新闻说这家超市消防设施不合格，让他们整改，如第二次检查还不合格就要停业整顿。这次真让他们停业了。

女：白跑一趟，真扫兴！

第30题： 关于三地市民，下面哪句话正确？

你不理财，财不理你。俗话说，一方水土养一方人，有人对京沪穗三地人的理财做过一番经典的评价：如果有一元钱，北京人会全存在银行里；上海人会把五角存在银行，另五角拿去投资；而广州人则会再借一元钱，拿两元钱去投资。也就是说，北京人理财图踏实，上海人擅长精打细算，广州人喜好高风险游戏。

第31题： 新的董事长是谁？

公司第八次董事会决定，张红不再担任蓝光实业股份有限公司董事，同时辞去董事长职务。会议一致推选公司总经理王强担任董事长，空缺董事由以后股东大会确认。公司其他高级管理人员除李明调任上海分公司外，2006年度内无变更情况。

第32题： 东港是一个什么样的城市？

东港的气候具有海洋性特征，最热的6月份平均气温只有28.8摄氏度。据东港气象局的数据：东港近十年来的最高气温都未超过36摄氏度，相对内地其他城市不断报警的高温，东港有理由喊出："夏季到东港来避暑！"

第三部分

说明：第33到第42题，在这部分试题中，你将听到几段比较长的对话或讲话。每段只播放一遍。请你一边听一边根据试卷上的提问从ABCD四个选项中选出最恰当的答案。答案请涂在答卷上。好，现在我们开始做第33到第35题。

第33到第35题的问题是：

第33题：熊先生认为，与传统的营销模式相比，电子商务有什么特点？

第34题：熊先生认为电子商务部一年来的业务怎么样？

第35题：熊先生认为公司没有把产品销往国外的原因是什么？

这三个问题是根据下面一段采访：

女记者：熊先生，贵公司作为一家大型国有企业，为什么要专门成立一个电子商务部呢？

熊　伟：电子商务是企业经过充分调研与分析，在传统营销基础上探索出的一种全新营销模式，如今传统的销售方式成本实在是太高了。就拿开拓全国市场来说，起码要在全国找100个以上的业务员，同时每个大区也要有人管理，每年就是把他们集合到公司来开次会议都是笔不小的开支。而电子商务无疑在成本上具有很大的优势，何况它有一个正在高速成长的市场。

女记者：为什么要选择加入诚信通电子商务网呢？

熊　伟：现在电子商务网很多，我们是慎重选择后才加入的。从加入快一年的相关数据来看，加入诚信通以来，通过网络发展了十几个经销商，达成的交易也有几十万元。从数字上来看或许不少人会觉得不是很多，可我却不这么认为。就拿客户来说，我们借助这个平台，把市场开拓到了新疆、兰州等地，尽管销量不大，但效果却是非常好的。何况我们对于电子商务也才刚起步，相信随着我们自己和诚信通的不断壮大，效果会越来越好。

女记者：我们还了解到，你们并没有把产品销往国外，是由于没有国外的客户吗？

熊　伟：不是，实际情况是有而且还不少，这又是为什么呢？其实这是我们公司的发展战略决定的，我们认为目前国外市场条件还不成熟，而且我们太阳能和电工产品还没有做过出口,因此就没有做这个市场。不过我们明年会在这方面大力发展,相信到时候一定会为公司带来更多的订单。

第36到第38题的问题是:

第36题:关于崇明岛,下面哪句话是对的?
第37题:关于崇明岛,他们主要讨论了什么问题?
第38题:女士怎么看上海市的做法?

这三个问题是根据下面一段采访:

女:大家都知道,上海是寸土寸金的地方。隶属上海的中国第三大岛——崇明岛,面积1200平方公里,有人说里面蕴藏着无限商机。上海市政府对这块"风水宝地"已经作出了规划。今天我们请来了上海社会科学院的王博士,请他来给我们谈一谈。王博士,你好!

男:主持人好,各位观众朋友好。上海市已将崇明岛定位为综合生态岛区。它主要有三大功能。第一是以假日休闲为主体的旅游度假岛,将来会在岛上建立生态的休闲的度假设施。

女:这样可以给忙碌的上海人亲近自然提供一块休闲乐土了。

男:是的。崇明的第二个功能是科研岛,可在那里从事科研开发,发展国际教育。

女:那么第三个功能呢?

男:第三是要把崇明建成海洋装备岛,主要以造船和港机制造为主。

女:是不是可以说,上海用法律的形式把崇明这片森林,这片湿地保留了下来?

男:你概括得非常好。崇明将成为上海在21世纪实现可持续发展的重要的战略空间。也可以说,对崇明的规划是上海在人和自然如何相处方面进行的一种实验。

女:我想这也是一个现代化大城市与一片森林如何相处的问题。

第 39 到第 42 题的问题是：

第 39 题：北京市收集的意见认为个税起征点最低应为多少？

第 40 题：个税免征额存在什么问题？

第 41 题：关于居民的生活，哪句话是对的？

第 42 题：关于个税免征额，北京市收集的意见是什么？

这四个问题是根据下面一段新闻：

北京市人大有关部门日前将收集整理的个税修正案(草案)的意见送交全国人大，其中包括以下几点：个税免征额不宜全国"一刀切"，也不宜以法律形式长期固定，可以授权国务院根据经济发展形势，定期调整各地个税免征额。

意见认为，个税修正案(草案)拟定的1500元偏低，经济发达的大中城市生活成本和消费支出相应较高，势必影响甚至降低在这些城市生活和工作的人的生活水平。今年1至7月北京市城市居民人均消费支出平均为每月1051元，如果按人均负担率1.91计算，则每月人均负担消费支出为2008元。建议个税起征点最低应该在2000元以上。

意见称，个税免征额拟定1500元缺乏前瞻性。我国处于经济高速发展阶段，近年来每年发展速度达到9%，城镇居民人均收入和消费支出也不断增长，如果将个税免征额固定下来，不久可能再次需要调整。

法律应当具有一定的稳定性，为了避免"朝令夕改"的情况发生，建议考虑在统一提高个税免征额标准的同时，授权国务院定期调整标准。

此外，由于全国各地经济发展很不平衡，个税免征额也不宜全国"一刀切"。

建议赋予国务院适当调整各地个税免征额的权力，这样也可以减少乃至避免各地政府违规规定个税免征额的现象出现。

第四部分

说明：第43到第50题，在这部分试题中，你将听到几段对话或讲话。每段只播放一遍。请你一边听一边在横道上填写数字或汉字。

例如：你在试卷上看到王刚的简单情况，其中年龄和专业是空着的，里面标有题号。

你听到：

男：我叫王刚，今年24岁，南方工业大学毕业，专业是计算机。

你应该在第46题后面写"24"，在第47题后面写"计算机"。答案请写在答卷上。好，现在我们开始做第43到第45题。

第43到45题，有位男士打电话投诉商城的服务，客户服务人员边听边记录。下面是电话录音：

女：你好，客户服务中心。

男：你好。我对你们商城的服务态度不满意，我要投诉。

女：请问您投诉哪个部门？

男："冠军"牌运动服装专柜。

女：是"冠军"牌吗？请具体谈一谈。

男：周六我在那儿买了一条运动裤，今天我准备穿，轻轻一拉，裤脚的松紧带就断了。我给专柜打电话，他们说我买的是打折商品，不负责保修。

女：这件事我们首先要核实一下，请告诉我您的姓名和联系电话。

男：我姓王，叫王明，"光明"的"明"，我的电话是68657979。

女：68657979。王先生，您先别急，我们会尽快给您满意的答复。

男：谢谢，希望你们说到做到。

第46到第47题是一段商场促销广播：

亲爱的顾客朋友，欢迎光临时代商场。为庆祝中秋佳节和国庆节，本商场正在举办一系列优惠促销活动。从9月29日至10月3日，穿戴类商品满100元返30元礼券，化妆品及电器满100返15元礼券，礼券全场通用。另外，著名家电品牌海信为答谢广大消费者的支持与厚爱正在商场地下一层举办大型展销会，欢迎顾客朋友到地下一层参观选购。本次优惠促销活动10月3日结束，请顾客朋友莫失良机。

第 48 到第 50 题是根据一段讲话，讲的是保护消费者合法权益的问题：

《中华人民共和国消费者权益保护法》规定，国家保护消费者的合法权益不受侵害。这项法律虽已公布十余年，但执行情况并不乐观。

本来，消费者和经营者应当成为交易中的友好伙伴，但是在现实生活当中，双方之间似乎也存在着矛盾。因为商家总是希望以最低的成本、最高的价格实现自身最大的权益；而消费者，希望花最少的钱，买到最好的商品。这似乎构成了矛盾，但是在这个博弈关系当中，消费者不管是在经济实力上，还是在信息的占有上，跟商家相比，都明显的处于相对的弱势地位。因为，一个消费者可能很有钱，是个百万富翁，但是他对一个产品，比如说对他购买的房子、或者他购买的汽车的认识了解程度，远远不如这个经营者，从而在信息上处于弱势地位。对于消费者和商家之间的矛盾，如果解决不好的话，就有可能破坏市场经济本身，破坏公平的交易秩序，甚至影响到社会的稳定、经济的发展。

听力考试到此结束。

商务汉语考试（听·读）模拟试卷（三）答案

一、听力

1. C	2. A	3. B	4. C	5. B
6. C	7. C	8. C	9. B	10. A
11. B	12. A	13. B	14. A	15. D
16. C	17. D	18. A	19. C	20. A
21. A	22. B	23. D	24. C	25. C
26. A	27. A	28. C	29. D	30. D
31. B	32. C	33. A	34. D	35. B
36. C	37. A	38. A	39. C	40. C
41. A	42. D			

43. 王明　　44. 68657979　　45. 冠军　　46. 10月3日　　47. 地下一层
48. 权益　　49. 矛盾　　50. 信息

二、阅读

51. D	52. A	53. B	54. B	55. C
56. D	57. A	58. D	59. C	60. B
61. D	62. C	63. B	64. A	65. A
66. C	67. A	68. C	69. C	70. C
71. D	72. D	73. B	74. C	75. D
76. C	77. B	78. A	79. A	80. A
81. D	82. B	83. B	84. C	85. B
86. D	87. B	88. C	89. A	90. B
91. D	92. A	93. C	94. B	

95. 财政部科学研究所　　96. 开发财务软件　　97. 用友
98. 产品领先、伙伴至上　　99. 赵西燕　　100. 19%

商务汉语考试（说·写）模拟试卷（三）

商务汉语考试

（口语）

试 卷

注 意 事 项

一、口语考试共两道题，10分钟。

二、请注意听录音，按照录音中考官的指令回答问题并进行口语考试。

三、口语考试结束后，请检查录音是否录上。

中国　北京　　　　　　　　　　　　　　中国国家汉语国际推广领导小组办公室

第一题：

你要出差一段时间，委托朋友帮你照看房子，给花草浇水等。要求说出：
1. 离开的原因
2. 要离开多长时间
3. 需要朋友帮忙做什么

时间：准备1分30秒；说1分钟。

第二题：

你是百货公司的售货员，有一个男顾客想买西装，你给他介绍一款。要求说明：
1. 颜色式样面料
2. 产品受欢迎程度
3. 价格，有什么优惠活动

时间：准备2分30秒；说2分钟。

商务汉语考试（口语）答卷（磁带卡）

商务汉语考试（口语）答卷

姓名 _____

国籍 _____

序号 _____

中国　北京　　　中国国家汉语国际推广领导小组办公室

商务汉语考试（口语）模拟试卷（三）引导语录音文本

说明： 引导语录音是事先录制的，包括考官的提问、说明及情景录音。口语考试开始后，考官和考生的声音都将依次录在考生的录音带或电脑的语音文件上。

考官：你好！请问，你叫什么名字？（空2—3秒）

考官：你是哪国人？（空3—4秒）

考官：你的序号是多少？（空4—5秒）

考官：好，现在请撕开口语试卷的密封条，看试题。（空3—4秒）口语考试一共有两个题目。第一题是：

你要出差一段时间，想请朋友帮你照看房子，给花草浇浇水什么的。你要对朋友说：1.你为什么离开家；2.要离开多长时间；3.需要朋友帮忙做什么。现在准备一下，准备时间是1分30秒。

（1分30秒时）

考官：准备时间结束。现在听情景录音，然后回答。说这段话的时间是1分钟。

情景录音：

你好！你找我吗？有什么事？

（1分钟空白时间。在结束前10秒时，有提示音。）

（规定时间到）

考官：第一题考试结束，现在考第二题。第二题是：

你是一家百货公司的售货员，有一个男顾客想买一套西装，你给他介绍一款。请你从下面三个方面向他说明：1.西装的颜色、式样和面料；2.西装受欢迎的程度；3.西装的价格，百货公司有什么优惠活动。现在准备一下，准备时间是2分30秒。

（2分30秒时）

考官：准备时间结束。现在听情景录音，然后回答。说这段话的时间是2分钟。

情景录音：

（可以听到百货公司的喧闹声，一位顾客向作为售货员的考生询问）：你好！我想买套比较好的西装，你能给我推荐一款吗？

（2分钟空白时间。在结束前15秒时，有提示音。）

考官：（规定时间到）口语考试到此结束，谢谢你的合作。

商务汉语考试
（写作）
试 卷

第一题：

你坐出租车时不小心把包忘在了车上。请写一则寻物启事交给交通台广播：
- 请写出上下车的时间和地点；包内物品；联系方式；酬谢方式。

要求：80—120字。

第二题：

根据下面的招聘启事：

诚 聘

招聘职位：采购部经理

要　　求：大学以上学历

　　　　　有超市工作经验

　　　　　年龄性别不限

　　　　　待遇面议

有意向者请将求职信和简历寄至永安超市发公司人事部　李龙　邮编：100859

请给永安超市发公司人事部李龙写一封求职信：
- 求职的原因；
- 自己的学历、工作经历；
- 自己所具备的有利条件，如经验、性格等。

商务汉语考试（写作）答卷

姓名 _____

国籍 _____

序号 _____

考 试 要 求

一、考试内容：两篇文章

二、考试时间：40分钟

三、书写要求：用汉字书写（可以用繁体字）。每个汉字及标点符号占一个格。

中国 北京　　　　　　中国国家汉语国际推广领导小组办公室　监制

第 1 页

第一题

80字

120字

第二题

100字

第2页

200字

260字

15 × 20 = 300

商务汉语考试（说·写）模拟试卷（三）参考答案

口　语

第一题：

　　我想请你帮我一个忙。下周公司派我出差，下周二中午的飞机，这次出差时间比较长，大概得10天左右，有可能更长。所以我想请你帮我照看一下房子，主要是给这几盆花儿浇浇水，还有我养的这只猫能不能请你带到你家帮我照顾几天？这是我家的钥匙，有什么事情随时给我打电话，多谢你了。

第二题：

　　您要是买西服的话，我给您推荐这边这款深蓝色的，您看怎么样？这是今年最新式样，大开领，显得很大方，穿起来也比较舒服，特别适合您的身材。面料也是最高档的，您摸摸看，手感非常好。这款西服是上周刚进的新货，卖得非常好，这周我们增加了一倍的进货，还是供不应求。它的价钱是一套一千八百八十块钱，虽然有的人觉得有点儿贵，可是物有所值，绝对是一分钱一分货。本月我们商场正在开展优惠酬宾活动，购买一套西服，我们还将赠送一条高级领带。我给您找一套，您穿上试试？

写 作

第一题：

> 寻物启事
>
> 本人于9月20日上午10点20分在动物园门口乘坐一辆出租车到王府井，11点左右在王府井大街下了车，下车时不小心把一个黑色女士手提包忘在了车上，内有护照等证件和手机、钥匙等物品，有捡到者请速与失主联系，联系电话是82867869，联系人：张小姐。失主愿以现金酬谢。

第二题：

> 尊敬的李经理：
>
> 　　您好！日前在报上看到贵公司招聘采购部经理的启事，对这个岗位有很大的兴趣，为了自己能有更好的职业发展，我希望有机会应聘这个岗位。
>
> 　　本人毕业于西北大学经济学院商贸专业，并于1996年获经济学硕士学位。学习期间就曾在两家超市打工，对超市的经营有一定的体验和了解。毕业后在大华日用品公司从事销售工作5年，对消费者的需求和商品采购进货渠道比较熟悉，在这方面经验丰富。本人勇于开拓创新，性格开朗，善于与人交往，有很好的团队合作精神。我认为自己具备了超市采购部经理所需要的业务能力和素质，有信心胜任这个工作。随信附上本人简历。期待您的回复。
> 　　　此致
> 敬礼！
>
> 　　　　　　　　　　　　　　　　　　　　　　　　　　王海
> 　　　　　　　　　　　　　　　　　　　　　　　　2006年9月20日

商务汉语考试（听·读）模拟试卷（四）

商务汉语考试

（听·读）

试 卷

注 意 事 项

一、考试包括两项内容：
    1. 听力（50题，约40分钟）
    2. 阅读（50题，60分钟）
    考试约需100分钟。

二、注意试题的说明，按照说明的要求回答问题。

三、答案必须写在答卷上。做选择题时，请用铅笔在答卷中涂黑代表正确答案的字母，每题只能涂黑一个字母，如：[A][■][C][D]。多涂作废。请注意，字母一定要涂得粗一些，重一些。做填空或简答题时，请将答案写在答卷的横线上。

四、请在规定的时间内做相应的试题。

五、遵守考场规则，听从主考的指令。考试结束后，请把试卷和答卷放在桌上，等监考人员收回、清点无误后，才能离场。

中国　北京　　　　　　　　　　　　　　中国国家汉语国际推广领导小组办公室

一、听 力

（50题，约40分钟）

第一部分

说明：1—12题，在这部分试题中，每一题你将听到一个人问一句话，另一个人说出ABC三种应答。请你选出最恰当的应答。问话和应答都没有印在试卷上，只播放一遍。

例如：第5题：你听到一个人问：……

你听到另一个人应答：……

最恰当的应答是A. 王经理。你应该在答卷上涂 [■] [B] [C]。

1. A.　　　　B.　　　　C.

2. A.　　　　B.　　　　C.

3. A.　　　　B.　　　　C.

4. A.　　　　B.　　　　C.

5. A.　　　　B.　　　　C.

6. A.　　　　B.　　　　C.

7. A.　　　　B.　　　　C.

8. A.　　　　B.　　　　C.

9. A.　　　　B.　　　　C.

10. A.　　　　B.　　　　C.

11. A.　　　　B.　　　　C.

12. A.　　　　B.　　　　C.

第二部分

> 说明：13—32题，在这部分试题中，你将听到20段简短的对话或讲话。每段录音只播放一遍。请你一边听一边根据试卷上的提问从ＡＢＣＤ四个选项中选择最恰当的答案。
> 例如：你在试卷上看到第15题的问题和四个选项：
> 　　15.这位女士想下调多少？
> 　　　　A. 5%　　　　B. 10%　　　　C. 15%　　　　D. 20%
> 　你听到：……
> 最恰当的答案是C。你应该在答卷上涂[A] [B] [■] [D]。

13．哪一个是小李？

　　　A　　　　　　　　B　　　　　　　　C　　　　　　　　D

14．哪种酸奶卖得最好？

　　　A　　　　　　　　B　　　　　　　　C　　　　　　　　D

15．女士要买什么？

 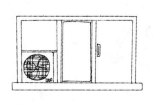  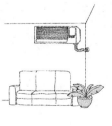

　　　A　　　　　　　　B　　　　　　　　C　　　　　　　　D

16. 男士买了哪件衣服？

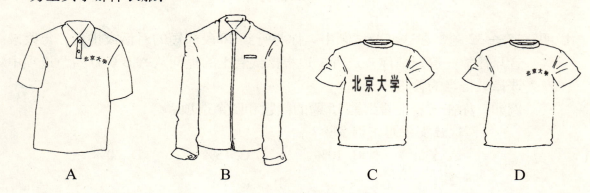

17. 计划书在哪儿？

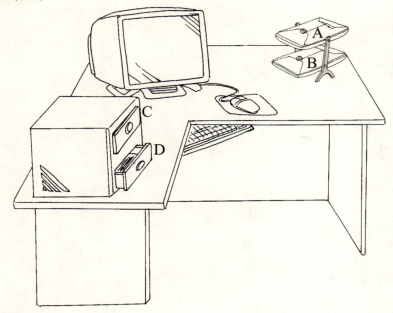

18. 男士要坐在哪儿？

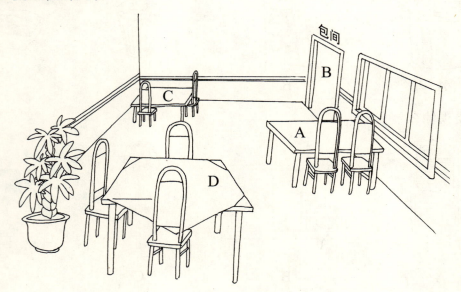

19. 下面哪幅图表示的收入排名是对的？

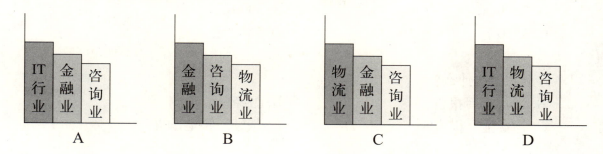

20. 他们希望使用哪种背景？

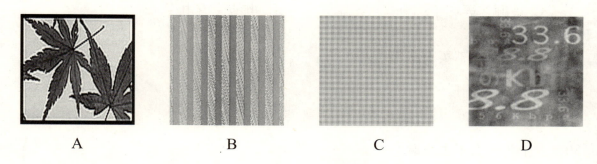

21. 男士找老板谈话的结果怎么样？
    A. 工资增长了　　　　　　　　　B. 要求被拒绝了
    C. 被老板辞退了　　　　　　　　D. 老板没时间谈

22. 男士认为女士：
    A. 能力比老李强　　　　　　　　B. 是个谈判高手
    C. 不可能当首席代表　　　　　　D. 没学过相关专业

23. 男士是什么态度？
    A. 羡慕　　　　　　　　　　　　B. 同情
    C. 疑惑不解　　　　　　　　　　D. 不以为然

24. 男士最晚几点应该到达饭店？
    A. 6：30　　　　　　　　　　　B. 7：00
    C. 7：30　　　　　　　　　　　D. 8：00

25. 女士的意思是：
    A. 工作不要太辛苦　　　　　　　B. 这么辛苦可以理解
    C. 生病时工作很辛苦　　　　　　D. 应该花更多的本钱

26. 三个月后,女士的月收入是多少?
    A. 2500元　　　　　　　　　B. 3000元
    C. 3500元　　　　　　　　　D. 5500元

27. 男士要去做什么?
    A. 帮女士写报告　　　　　　B. 帮经理修电脑
    C. 替女士交报告　　　　　　D. 帮经理买电脑

28. 这部相机怎么了?
    A. 质量有问题　　　　　　　B. 电池装得不对
    C. 被顾客弄坏了　　　　　　D. 电池没有电了

29. 女士为什么不买国产手机?
    A. 不好看　　　　　　　　　B. 不耐用
    C. 价格高　　　　　　　　　D. 功能少

30. 女士为什么不去应聘?
    A. 学历不够　　　　　　　　B. 没有工作经验
    C. 招聘期已过　　　　　　　D. 正在读研究生

31. 关于"300"电话卡,哪句话是对的?
    A. 国内任何地区都可使用　　B. 只能拨打国内长途
    C. 要先输入服务号码"300"　D. 不能在公用电话上使用

32. 说这段话的目的是什么?
    A. 吸引别人投资　　　　　　B. 转让快餐店
    C. 介绍某家饭馆　　　　　　D. 介绍促销活动

第三部分

说明：33—42题，在这部分试题中，你将听到几段比较长的对话或讲话。每段只播放一遍。请你一边听一边根据试卷上的提问从ＡＢＣＤ四个选项中选择最恰当的答案。答案请涂在答卷上。

33—35题

33．男士是谁？
    A. 张卫平经理　　　　　　　　B. 先科公司杜民清
    C. 新友公司秘书　　　　　　　D. 新友公司经理

34．要找的人什么时候回来？
    A. 上午　　　　　　　　　　　B. 12点
    C. 1点　　　　　　　　　　　　D. 2点

35．男士为了什么事情打电话？
    A. 和对方商谈合同　　　　　　B. 请对方修改合同
    C. 请对方传真合同　　　　　　D. 与对方签订合同

36—38题

36．女士的公司是什么时候成立的？
    A. 1993年　　　　　　　　　　B. 1995年
    C. 1998年　　　　　　　　　　D. 1999年

37．为什么电子商务800BUY经营得很好？
    A. 销售量大　　　　　　　　　B. 专业性强
    C. 综合性强　　　　　　　　　D. 竞争对手少

38．电子商务800BUY主要经营什么？
    A. 礼品　　　　　　　　　　　B. 游戏产品
    C. 化妆品　　　　　　　　　　D. 专利产品

39—42题

39. 政府将通过什么方式推广节能建筑？
   A. 减免税收　　　　　　　　B. 验明节能率
   C. 开发新建筑　　　　　　　D. 制定新标准

40. 中国现在需要进行节能改造的建筑占多大比例？
   A. 1/2　　　　　　　　　　　B. 1/3
   C. 1/4　　　　　　　　　　　D. 1/5

41. 推行节能建筑的最大阻力是什么？
   A. 缺少建筑认证　　　　　　B. 增加了建筑成本
   C. 难以收回投资　　　　　　D. 缺少具体的标准

42. 不执行节能标准的设计者，最严重会受到什么样的处罚？
   A. 罚款50万元　　　　　　　B. 罚款并禁止经营
   C. 降低经营资格　　　　　　D. 进入"黑名单"

第四部分

说明：43—50题，在这部分试题中，你将听到几段对话或讲话。每段只播放一遍。请你一边听一边在横道上填写数字或汉字。

例如：你看到：

王刚，男，今年(46)_____岁，专业是(47)_____。

你听到……

你应该在(46)后面写"24"，在(47)后面写"计算机"。答案请写在答卷上。

43—45题

火车票预订单

出行日期：2月12日	车次：T16次
出发城市：北京	到达城市：沈阳
购票张数：3张	席位：(43)_____
预定人姓名：(44)_____	联系电话：(45)_____
送票地址：和平小区3号楼310	
备注：无	

46—47题

液晶电视的价格降低了，其中一款37英寸的原来卖50000元，现在只卖(46)_____元，但女士还是觉得很贵，她想买一款(47)_____元的35英寸的液晶电视，但是男士不同意。

48—50题

虚拟企业有三个特点：

(1) 市场(48)_____的快速应变性。

(2) (49)_____的互补性。

(3) 对(50)_____的依赖性。

听力考试结束。
不要提前翻看下一页，等主考下了指令以后再看下一页阅读。

二、阅 读

(50题，约60分钟)

第一部分

说明：51—72题，每段文字后面有一到几个问题，请选择最恰当的答案。答案请涂在答卷上。

51题

普利永安汽车服务公司

本公司经营商务车、小轿车等各种车辆租赁业务，并能按客户要求提供各类新车。

联系电话：63562345

联 系 人：王先生

51. 这家公司提供什么服务？
 A. 维修汽车   B. 出租各类汽车
 C. 销售新车   D. 驾驶员培训

52题

招聘启事

职　　位：广州国际贸易公司业务经理

职　　责：负责美洲市场出口业务。

要　　求：本科及以上学历，5年以上相关工作经验，精通英语。

薪　　水：面议。

联系电话：020—98657419（张小姐）

52. 关于招聘，下面哪句话是对的？
    A. 要到美洲工作　　　　　　B. 工资可以商量
    C. 必须有硕士学位　　　　　D. 聘用期为五年

53题

远大电脑服务中心

本中心提供台式机和笔记本电脑的上门维修服务（加收上门服务费50元），另外提供二手电脑的上门回收服务。我们的承诺是不排除故障不收取任何费用。

服务热线：6539—8754

53. 下面说法正确的是：
    A. 旧电脑可以卖给他们　　　B. 他们免费提供服务
    C. 买电脑他们负责送货　　　D. 修一次只收50元

54题

中国移动通信

神州行卡加拨 **12593** 话费特大优惠

周六、日及其他**法定节假日**，话费：

本地通话一律 0.29元/分钟

国内长途（港澳台除外）一律 0.39元/分钟

本推荐业务仅限北京神州行客户参加

详情请咨询北京移动 0860

神州行超值推荐：

12593

"12593"开通方法：
无需申请，神州行客户在所拨号码前直接加拨12593即可享受优惠

54. 周末加拨12593打电话到香港话费为：
    A. 0.29元/分钟　　　　　　B. 0.39元/分钟
    C. 0.86元/分钟　　　　　　D. 原价，没有优惠

55题

商场优惠活动

为了庆祝春节，2月18日到22日在本商场一次性购物满200元返80元券，四楼的各类运动服装一律8折，在此期间商场营业时间延长至22：30，欢迎各位顾客光临。

太平洋商场
2005.1.15

55．下面说法正确的是：
　　A．商场平时22：30关门　　　B．所有商品都打8折
　　C．购物100元送40元券　　　D．优惠活动为期5天

56题

通　知

12月15号（星期四）下午3点在第三会议室举行公司年度总结大会，望各部门经理及副经理准时参加。特此通知。

总经理办公室
12．10

56．这个通知是发给谁的？
　　A．所有公司职员　　　　　　B．公司总经理、副总经理
　　C．总经理办公室　　　　　　D．部门经理、副经理

57—58题

全国各地铁路快件运输报价表

目的地	铁路快件(元/kg)	发车时间	运行时间
北京	2.90	11:30	24小时
天津	2.90	11:15	30小时
石家庄	2.50	11:15	26小时
太原	2.50	20:00	48小时
上海	2.30	10:30	24小时
杭州	2.30	10:30	18小时
郑州	2.30	11:15	18小时
武汉	2.10	17:30	14小时
长沙	2.00	18:30	12小时
兰州	3.30	15:10	48小时

57. 寄一份5公斤重的快件到武汉要花多少钱？
  A. 2.10元　　　　　　　　B. 2.90元
  C. 10.5元　　　　　　　　D. 17.30元

58. 发往上海的快件什么时候到达？
  A. 当天10：30　　　　　　B. 第二天8：30
  C. 当天22：30　　　　　　D. 第二天10：30

59—60题

E时代网上商城付款方式

- 货到付款（北京市）
  送货上门，先验货后付款，推荐北京市内消费者使用此方式。（市区内免费送货，北京郊区收10元送货费。）
- 货到付款（北京以外地区）
  快递公司送货，收取20元配送费，收到商品后付款。（限2000元以内的订单，如果超过2000元请选择款到发货方式。）
- 款到发货
  下订单后，需及时去邮局/银行汇款，商家收到汇款后才会安排送货。

59．北京市区的客户选择货到付款另收多少送货费？
   A. 30元　　　　　　　　　B. 20元
   C. 10元　　　　　　　　　D. 0元

60．上海的客户订购一部4000元的相机，应该选择什么付款方式？
   A. 货到付款　　　　　　　B. 款到发货
   C. 网上支付　　　　　　　D. 先付2000元

61—62题

房间类型	标准价	会员价
单人间	500元/天	400元/天
标准间	600元/天	500元/天
商务间	800元/天	660元/天
豪华套间	1000元/天	800元/天

● 以上房价均需另加10%服务费。
● 退房时间为中午12点整，超过12点，加收半天房费，超过18点，加收一天房费。
● 12岁以下儿童与父母同住不另收费。
● 客人连续长住酒店超过15天，可享受特惠价，请与酒店客服部联系。
● 欢迎使用所有主要的信用卡付帐。
● 房价如有调整，恕不另行通知。

61．会员住一晚单人间实际应付：
   A. 400元　　　　　　　　　B. 440元
   C. 500元　　　　　　　　　D. 550元

62．从上面表格中你能知道什么？
   A. 可以使用会员卡付账　　　B. 住15天以上可享受会员价
   C. 这是刚刚调整过的房价　　D. 下午6点后退房等于多住了一晚

63—64题

特价机票 3—9折　　订机票送保险（部分航线）
电话预订　免费送票

航线	航班	时间	全票价	优惠价
上海	CA/FM/MU/HU	电查	1130	340-1020
广州	CA1351/39/29	0800/1835/1945	1700	430-1530
成都	CA1405/4112/04	0845/0925/1640	1440	580-1300
福州	CA1505/1821	0805/2015	1550	470-1440
重庆	CA1419/4136	0805/1850	1560	620-1400
沈阳	CZ6116/0802	0900/2120/1100	700	210-630

注：1. 以上航线报价仅供参考，其余多条航线未一一列出，欢迎致电垂询！
　　2. 国内部分航线优惠特价3—9折并有礼品赠送，详情敬请电询！
　　3. 航班详细情况以当日电脑查询为准。
　　4. 另代售全国各地火车票，请提前预订。

电话：010—62226888
　　　010—62226889

63．去福州的机票最低价格是多少？
　　A. 340元　　　　　　　　　　B. 1440元
　　C. 470元　　　　　　　　　　D. 1550元

64．关于这份广告，下面哪句话是对的？
　　A. 只订飞机票　　　　　　　　B. 订票就会送保险
　　C. 只有六条航线优惠　　　　　D. 送票上门不另收费

65－68题

　　根据2005上海书展期间发表的一份研究报告，到2008年，中国50%以上的网上书店会销售电子图书；到2010年，90%以上的出版社将出版电子图书；2015年，中国电子图书的销售额会达到100亿元，将达到全部图书的50%。电子出版真的能让纸本书退出市场吗？

　　中国新闻出版总署副司长寇晓伟指出，"中国目前的网络出版业呈现出电子平台技术公司、电子内容网站主导的趋势，在出版业占有绝对优势的传统出版社受到了前所未有的挑战和压力。传统图书出版的市场影响力在未来5至10年里会逐年降低。"

　　寇晓伟说，当新兴的网络出版公司彻底甩开出版社，直接与作者签合同的时候，出版社就好像是一个网络出版业的下岗工人，毫无主动权可言。他说，"这绝不是危言耸听。现在网络出版技术公司与出版社的所谓合作，大多是直接用比较低的价格从出版社购买内容，而不是实质性的、互为促进的合作。"

　　网络对于年轻人来说，其最大的吸引力在于突破了传统的阅读习惯。不过，所谓的"阅读革命"也引起一些专家的"警惕"。复旦大学社会学系教授于海便认为，"互联网是一个巨大的多层次的超级文本，有扩展性、延伸性和跳跃性，它将破坏人们阅读线性文本时能够得到的逻辑思维的训练。网络出版高度发达，也可能导致社会群体的阅读能力下降。"他指出，"学校有责任在网络出版大发展的年代，指导青少年如何阅读传统的书籍。"

65．什么时候电子图书的销售额占到图书总销售额的一半？
　　A. 2005年　　　　　　　　　　B. 2008年
　　C. 2010年　　　　　　　　　　D. 2015年

66．目前网络出版业和传统出版业的关系怎么样？
　　A. 网络出版业占绝对优势　　　B. 传统出版业占主导地位
　　C. 二者互相竞争难分高下　　　D. 传统出版业将退出市场

67．现在网络出版公司一般如何得到版权？
　　A. 从出版社购买　　　　　　　B. 直接与作者签订合同
　　C. 低价向作者购买　　　　　　D. 通过出版社与作者签订合同

68．专家认为，阅读电子出版物有什么不良影响？
　　A. 破坏阅读的跳跃性　　　　　B. 降低读者的阅读能力
　　C. 影响阅读的扩展性　　　　　D. 影响学校的传统教学

69—72题

中国的奶业竞争已经到了白热化状态，越来越多的国外乳业巨头选择了离开。造成在华国际乳业巨头撤退的因素是多方面的，外国的乳业企业缺乏奶源，管理成本过高，对中国消费者的有效消费支出估计不足等都是撤离的原因，而最让外资企业困惑的还是长久的价格战。目前国内的乳业市场正处于转型时期，还不成熟，绝大多数的企业只是以赢利为目的，一些个别的企业为了尽快做到行业老大，不惜成本地挑起价格战，而其他企业为了保住已有的市场，只能跟进。

数据表明，我国乳品企业的总体利润偏低。正常情况下乳品企业的纯利润不应低于8%，而现在行业的平均利润在5%左右。据《证券时报》披露的信息，2003年，蒙牛销售额近50亿元，利润只有1.3亿元，利润率为2.6%，利润率较高的伊利股份也只有3%，不少中小企业出现亏损。

据资料显示我国人均用奶量为15公斤左右，而国际平均用奶量为95公斤，由此看来，国内还有很大的市场潜力。但是，我们不能回避一个现实，拉动牛奶及奶制品消费的主要是城镇居民，甚至主要是一些大城市的居民，而相当一部分人是生活在农村，收入水平决定了他们在近期或者中长期都不会是潜在消费者。显然，盲目扩大生产规模，一味推出价格战并不是一个长久之计。

国内企业应该把更多的注意力放在技术更新和产品的升级换代上，不断开发出新产品，了解市场，掌握消费者的需求及变化，生产出适销对路的产品，培养自己的品牌美誉度，才能真正占有市场。

69. 国际乳品企业离开中国市场的最主要原因是什么？
   A. 缺乏奶源   B. 不了解消费需求
   C. 管理成本过高   D. 行业价格过低

70. 现在中国乳品企业的平均利润是多少？
   A. 2.6%   B. 3%
   C. 约5%   D. 8%以上

71. 为什么中国的乳品市场购买力不强？
   A. 与中国人的饮食习惯有关   B. 人们的生活水平不够高
   C. 是乳品企业不良竞争的结果 D. 乳品企业宣传力度不够

72. 中国的乳品企业应该怎么做？
   A. 开发新产品   B. 提高产品质量
   C. 扩大生产规模   D. 降低产品的价格

第二部分

说明：73—84题，每段文字中有若干个空儿，每个空儿右边有ＡＢＣＤ四个词语，请选择最恰当的词语。答案请涂在答卷上。

73—78题

日常生活中人们常常把"加班加点"都说成"加班"，___(73)___加班和加点是有区别的。加班专指在节假日工作，加点___(74)___是指在普通工作日八小时以外的工作。加班和加点的工资报酬计算也是___(75)___的。

原则上，每天工作时间为8小时，___(76)___确实需要延长，一般每日不应超过1小时，特殊情况下不超过3小时，且每月的加班总时不应超过36小时。加点工资___(77)___原工资的1.5倍计算。

企业安排员工在休息日工作，应按不___(78)___劳动者本人日工资2倍的标准支付加班工资，企业也可以另行安排员工补休替代加班工资。

73. A. 实在　　B. 其实　　C. 确实　　D. 的确

74. A. 而　　　B. 则　　　C. 反正　　D. 因为

75. A. 不同　　B. 相反　　C. 相同　　D. 共同

76. A. 所以　　B. 虽然　　C. 只有　　D. 如果

77. A. 是　　　B. 增加　　C. 根据　　D. 按照

78. A. 越过　　B. 违反　　C. 低于　　D. 小于

79—84题

现在我们已经进入了知识经济的时代，人不再是一种成本或者一种工具，__(79)__ 一种资源，必须以资产来对待。现在企业高层领导普遍__(80)__着如何管理"知识型员工"的难题。

__(81)__ 知识员工来说，每天上班，更多的工作时间是坐在办公室里面。他们是在发呆、在思考还是在"想入非非"，我们不得而知，但是无可否认，知识员工的工作在于思考。那么，在现实生活中，人们如何对知识员工进行管理，如何衡量他们的工作，提高他们的工作效率？究竟采用著名的 X 理论、Y 理论、Z 理论，__(82)__ 有其他更好的管理窍门？

其实，管理没有一个统一的__(83)__，对知识员工的管理，更多靠建立一套完善的激励机制。因为毕竟不是体力劳动者，不能用管理体力劳动者的方法来管理知识员工，__(84)__ 往往会得到相反的结果。

79. A. 就是　　B. 认为　　C. 而是　　D. 变化
80. A. 面向　　B. 面临　　C. 解决　　D. 处理
81. A. 拿　　　B. 关于　　C. 对于　　D. 至于
82. A. 或者　　B. 还是　　C. 难道　　D. 也许
83. A. 标准　　B. 规划　　C. 规模　　D. 规格
84. A. 要么　　B. 那么　　C. 最终　　D. 否则

第三部分

说明：85—94题，每组有ABCD四段短小的文字材料，请判断哪个问题或句子分别与哪段材料有关系。答案请涂在答卷上。

85—89题

你想办一张银行卡，请你带着下面的问题看一下几种银行卡的介绍。
例如：哪一种卡是借记卡？　　最恰当的答案是A。

85．哪一种卡的外观设计与众不同？
86．哪一种卡的发行量最大？
87．哪一种卡在世界上的使用范围最广？
88．哪一种卡的密码技术非常先进？
89．哪一种卡买机票可以得到航空保险？

A　金穗通宝卡

发行单位：农业银行
银行卡种类：借记卡

该卡发卡量稳居金融行业首位，具有存取现金、转账结算、缴费、银证通等综合理财功能。农业银行拥有国内最多银行网点，银行卡受理网络遍布全国城乡，为金穗通宝卡的使用带来无可比拟的便利优势。该卡还可在境内及美国、法国等20多个国家和地区所有带银联标识的ATM、POS机办理存取款、消费、查询等业务。

B　龙卡贷记卡

发卡单位：中国建设银行
银行卡种类：贷记卡

该卡为国际标准信用卡。具有一卡双币，境内外通用，先使用后还款，最长50天免息等特点。可在全球300个国家和地区所有联网ATM及网点使用。在指定地点刷卡购机票可获赠最高100万元航空意外险。专为私家车主推出的汽车卡还提供保险优惠、加油折扣及免费紧急拖车、紧急送油、代办年检等专业服务。

C　发展信用卡

发行单位：深圳发展银行
银行卡种类：信用卡

作为国内首创、国际领先的密码信用卡，"发展信用卡"特有的密码安全保障功能得到中国银联等国内权威机构的认可。个人最高授信可达5万元，享有20－50天的免息还款期等优势，会员可在境外18个国家和地区进行"银联"ATM取现、查询余额、消费结算等。

D　加菲猫情侣卡

发卡单位：兴业银行
银行卡种类：信用卡

加菲猫信用卡打破信用卡常规外型，推出标准和异型两种卡面，其中的情侣信用卡是国内第一张卡通概念信用卡，时尚设计的卡面针对年青人使用，个性十足。该卡一卡双币，可灵活调整额度，还款方式多种，随时随地都可轻松还款。刷卡得分兑换好礼，免息还款期长至50天。

90—94题

请确定哪个句子和哪段文字有关系。
例如：在大城市出现了很多猎头公司。　　最恰当的答案是C。

90．"猎头"的含义。
91．中国的很多外资企业通过猎头寻找人才。
92．猎头顾问应该具有的素质和能力。
93．猎头服务推动了人才的流动。
94．猎头公司的收费情况。

A 猎头公司的收费普遍分两块：委托费，主要用来支付猎头公司寻找"猎物"的成本支出、猎头费用等，不管猎头行为有没有完成都要收取；提成，即当一个猎头行动成功后，猎头公司会按"猎物"第一年年薪的20%左右向委托公司抽取。但也有猎头公司规定，如果"猎物"没有技术职称，则一般只收取其年薪的10%以内。

B 企业在决定选择猎头服务时，必须对自己的期望以及猎头公司的运作有一个较清晰的了解，积极参与猎头公司的服务过程，才能成功地猎取自己所需要的关键人才。专业的猎头顾问一般都具有良好的人事经理经验，能够为企业提供人力资源开发指导性建议；猎头顾问还必须具备高超的沟通能力和技巧，这样才能准确地了解客户真正需要。

C 中国职业经理人市场的日渐成熟，促成了国内各大城市开始出现数以百计的猎头公司，目前在上海已超过300家，而在广州、深圳也分别有近150家和80家，根据调查显示，进入中国市场的外资企业中，有超过80%的企业都使用过猎头公司提供的人力资源服务。这些优秀公司为了尽快适应市场需要，一般都会寻求专业的猎头公司为其提供适合企业的人才。

D "猎头"是国外一种十分流行的人才招聘方式，意思即指"网罗高级人才"。"猎头"进入中国也就是最近十年左右的时间，随着中国的改革开放以及大批外资企业的涌入，中国猎头行业也随之萌芽，进入探索和快速发展阶段。猎头服务的出现，促成了社会经济体制中人力资源的流动和合理配置，并逐渐开始形成了一种产业。

第四部分

说明：95—100题，读后写出简要的回答。每题的答案只能用1－10个字。答案请写在答卷上。

95—100题

请阅读《苹果买卖合同》后回答下列问题。

例如：卖方负责人是谁？　　最恰当的答案是：陈再兴

95．双方买卖的商品名称是什么？
96．这次交易的总货款额是多少？
97．立群贸易公司最晚应在什么时候将货物运走？
98．立群贸易公司提货时应支付多少现金？
99．如果京东农场的货物不符合一级标准应该赔偿多少钱？
100．如果双方因为这次交易产生纠纷应该到什么部门解决？

苹果买卖合同

甲方（卖方）：京东农场
负责人：陈再兴
乙方（买方）：立群贸易有限公司
法人代表：王建林
开户银行：建设银行中关村分行
账号：093511809872101

双方为明确购销苹果过程中的权利义务关系，依照《合同法》的有关规定签订本合同，双方应当本着诚信的原则履行本合同规定的各项义务。

第一条　合同标的物
1．品名：红富士苹果；
2．等级：一级（依农业部当前标准），并且个体重量在250克以上；
3．数量：50000kg；
4．单价：2.5元/千克。

第二条　合同履行
　　1．甲方应当在2006年8月28日前将订购的苹果包装完毕并进行保鲜处理，标准为XXXXXX，等待乙方提货；
　　2．乙方应当在2006年9月1日前到京东农场验收苹果，并将苹果运走，运费由乙方承担；
　　3．乙方应当在合同签订之日向卖方交纳定金10000元，在提货当天以现金方式支付货款50000元，并在2006年9月10日前付清剩余货款。

　　第三条　违约责任
　　1．如果甲方未在2006年8月28日前将苹果包装完毕，应当及时通知乙方，乙方有权要求解除合同，并向其他农场订购，并且要求甲方承担违约金10000元；
　　2．如果甲方提供的苹果达不到农业部规定的一级标准或者保鲜和包装不符合以上规定的标准，乙方有权要求解除合同，并要求甲方承担违约金10000元；
　　3．如果买方不能在2006年9月1日前将苹果提走，甲方有权解除合同并将该批苹果转售他人，乙方交纳的定金不予退还；
　　4．如果乙方在2006年9月10日前不支付剩余货款，则每延迟一日，应当向甲方支付剩余货款的万分之五作为罚息。

　　第四条　纠纷解决方式
　　本合同项下的一切纠纷，双方协商同意提交北京市仲裁委员会依其现行有效的仲裁规则和中华人民共和国法律法规进行仲裁，该仲裁委员会的裁决为终局仲裁，对双方均有约束力。

　　第五条　合同的生效
　　本合同一式两份，双方各执一份，自双方签字之日生效。

甲　　方：京东农场	乙　　方：立群贸易有限公司
负责人：陈再兴	法人代表：王建林
日　　期：2006年7月10日	日　　期：2006年7月10日

阅读考试结束。

商务汉语考试（听·读）答卷

商务汉语考试（听·读）答卷

商务汉语考试（听·读）模拟试卷（四）听力录音文本

第一部分

说明：第1到第12题，在这部分试题中，每一题你将听到一个人问一句话，另一个人说出ＡＢＣ三种应答。请你选出最恰当的应答。问话和应答都没有印在试卷上，只播放一遍。

例如：

第5题：你听到一个人问：您好，请问您找谁？

你听到另一个人回答：A. 王经理。

B. 我去找他。

C. 请您问吧。

最恰当的应答是A. 王经理。你应该在答卷上涂黑A。好，现在我们开始做第1题。

第1题：

女：非常感谢公司能录用我，我什么时候开始来上班？

男：A. 不用客气。

B. 9点上班。

C. 下星期一。

第2题：

男：你要喝什么饮料，红茶、绿茶还是咖啡？

女：A. 我买一包红茶。

B. 随便，都可以。

C. 咖啡我已经喝了。

第3题：

女：我们约在明天见面可以吗？或者后天也行。

男：A. 那就定在后天吧。

B. 我们见一次面吧。

C. 今天我们开会。

第4题：
  男：9月20号到22号有空房吗？我想预订一个标准间。
  女：A. 这几天的票都卖完了。
      B. 对不起，已经订满了。
      C. 20号到22号我没空。

第5题：
  女：有多少人出席明天的迎新会？
  男：A. 大概有一百多人。
      B. 总经理也要出席。
      C. 在附近的一家饭店。

第6题：
  男：我想问一下现在活期存款的利率是多少。
  女：A. 我要存一万块钱。
      B. 每年的利息是两百多块。
      C. 活期的年利率是0.72%。

第7题：
  女：你为什么要换工作？
  男：A. 现在找工作很难。
      B. 我学的专业用不上。
      C. 我是销售部经理。

第8题：
  男：去火车站是在这儿坐车吗？
  女：A. 坐车需要半个小时。
      B. 火车马上就要开了。
      C. 对，就是在这儿。

第9题：
  女：喂，你好，我想和马丁先生通话。
  男：A. 他找马丁先生。
      B. 马丁先生不在。
      C. 这是马丁先生。

第 10 题：

男：昨天开会你怎么迟到了？

女：A. 我记错时间了。

　　B. 昨天我来了。

　　C. 我迟到了。

第 11 题：

女：对不起，李经理不在，您有什么话让我转告他吗？

男：A. 他回来我一定告诉他。

　　B. 没关系，你说吧。

　　C. 请他给我回个电话。

第 12 题：

男：听说你们正在招聘营业员，我怎么报名呢？

女：A. 你先把简历寄给我们。

　　B. 我们有 10 名营业员。

　　C. 营业员会领你去。

第二部分

说明：第13到第32题，在这部分试题中，你将听到20段简短的对话或讲话。每段录音只播放一遍。请你一边听一边根据试卷上的提问从ABCD四个选择中选择最恰当的答案。

例如：你在试卷上看到第15题的问题和4个选项：

15. 这位女士想下调多少？

A. 5%　　　　B. 10%　　　　C. 15%　　　　D. 20%

你听到：

第15题：这位女士想下调多少？

男：我们同意把出厂价下调10%。

女：10%太少了，我们希望能下调15%。

男：怎么？多下调5%？我得跟总经理商量一下。

最恰当的答案是C。你应该在答卷上涂黑C。好，现在我们开始做第13题。

第13题：哪一个是小李？

女：小李，今天怎么穿得这么正式？

男：下午要出席一个重要的签字仪式，穿得太随便了怎么行？

女：我从来没见过你西装革履的，还别说，你这一打扮可精神多了。

男：别提了，穿惯了运动服，穿上这身还挺别扭的。

第14题：哪种酸奶卖得最好？

男：这几种酸奶的销量怎么样？

女：这种塑料桶装的虽然便宜，可是卖得并不好，不如那种纸盒装的。要说起来，还是这种小杯装的最受欢迎，顾客都反映口感好，口味多。

男：那这个袋装的怎么样？

女：袋装的不易保存，所以卖不动，不如小杯装的。

第15题：女士要买什么？

男：最近立式空调降价了，很便宜，我们买一台吧。

女：立式空调要占很大的空间，我们哪儿有地方放？

男：你要考虑地方就最好买窗式的，体积最小了。

女：别开玩笑了，现在还有人用吗？还是买台分体式的吧。

第16题：男士买了哪件衣服？
女：这件短袖T恤衫您穿非常合适，买一件吧。
男：前面几个字太大太显眼了，不好看，有字小一点的吗？
女：有，我给您找一件。您看，式样、颜色都一样，可是字小多了。
男：行，就是它吧。

第17题：计划书在哪儿？
男：今年的工作计划书你放哪儿了？
女：就在办公桌上，文件整理箱里没有吗？
男：我刚看过，没有。会不会在这两个文件夹里？
女：对，我把它放在下面那个文件夹里了，你找找看。

第18题：男士要坐在哪儿？
女：先生，您几位？
男：两位，有小包间或者靠窗的桌子吗？
女：不好意思，今天客人多，包间和几张靠窗的已经有人预订了。您看旁边那两张怎么样？离窗户也不远。
男：行，我们坐靠角落那张吧，清静一些。

第19题：下面哪幅图表示的收入排名是对的？
男：我昨天看了最新的各行业收入排名统计表，IT行业还是稳居榜首啊。
女：这份排名我也看了，虽然IT业第一的位置没变，但是第二、第三名都有不小的变动。
男：是啊，前三次统计都稳居第二的金融业已经被物流行业取代了，而这次咨询业能后来居上，进入前三完全出乎我的意料。
女：咨询行业收入能排在第三，说明咨询业现在发展确实很快。

第20题：他们希望使用哪种背景？
你们给我们公司设计的网页，内容方面大家都很满意，但是网页背景图案我们认为应该换一换。现在的条纹图案太简单，没有特色；有数字背景的图案不错，不过商业气息太浓了，我们不想过分强调公司的商业特点；相比较而言，以树叶为背景的图案很新颖，很有文化气息，希望能用这一种。

第21题：男士找老板谈话的结果怎么样？
女：你在公司工作两年了，老板有没有给你加薪？
男：从来没有，前几天我还专门为这事和他谈了一次。
女：结果怎么样？

男：碰了钉子，老板说以后再谈。

第22题：男士认为女士怎么样？
男：咱们公司和东方软件公司的谈判要开始了，经理正在组建谈判小组呢。
女：我也刚听说，正要去报名呢，不知道能不能让我当个首席代表，毕竟和我的专业相关，再说我也有这方面的经验。
男：老李这样的谈判高手也不过当个助理，何况是你呢？

第23题：男士是什么态度？
男：小王，下班后有什么安排吗？
女：今天小李升职了，他请我们部门的同事去吃饭，一共20多人呢。
男：小李也真是的，升职就升职呗，有什么好庆祝的？

第24题：男士最晚几点应该到达饭店？
男：喂，你好，我们8号晚上订一个6到8个人的小包间。
女：大概几点？
男：7点左右。
女：好的，8号晚上7点。我们给您留到7:30，过了这个时间不来我们会取消预订。

第25题：女士的意思是什么？
女：你最近精神不太好，生病了吗？
男：没有，最近常常加班，有时甚至要熬通宵，哪能有什么精神？
女：身体是革命的本钱，何苦那么拼命呢？

第26题：三个月后，女士的月收入是多少？
女：李经理，我还想了解一下待遇方面的情况。
男：按照公司规定，试用期三个月，在试用期内，每个月的工资是2500元。
女：那过了试用期呢？
男：正式签订合同以后，工资涨到3000元，外加500元的津贴。

第27题：男士要去做什么？
男：小张，下班了，怎么还不走啊？
女：这份报告明天就要交了，我正在赶呢，你能帮我个忙吗？
男：我很想帮你，可经理的电脑出了点毛病，让我去看看呢，实在是爱莫能助啊。

第28题：这部相机怎么了？
　　男：你好，这部照相机是我昨天在你们商店买的，可回去以后发现根本不能用。
　　女：我看看。哦，是您把电池装反了，没什么大问题。
　　男：原来是这样，我还以为质量有问题呢。

第29题：女士为什么不买国产手机？
　　男：国产手机又便宜又耐用，你为什么一定要坚持买进口的呢？
　　女：国产手机是不错，但不像进口的那样美观。
　　男：难道外观真的那么重要吗？手机的主要功能是接打电话呀！

第30题：女士为什么不去应聘？
　　男：那家大公司正在招聘，你为什么不去试试？
　　女：如果我有研究生学历的话早就去了。
　　男：别担心，你有两年的相关工作经验，应该有希望。
　　女：人家又没要求工作经验，谁知道有没有用。

第31题：关于"300"电话卡，哪句话是对的？
　　"300"电话卡是一种自动密码记账长途电话直拨业务。申请了"300"电话卡的用户，在全国200多个城市和地区的任何一部双音频话机上拨特服号码"300"后，依次输入账号和密码，即可直拨国际、国内长途电话，话费将自动记入持卡用户的账号上。在公用电话上使用该卡每次收取手续费1元。

第32题：说这段话的目的是什么？
　　投资两万元，即可开办一家北京小吃快餐屋，每天24小时营业，既有丰盛美味的早点、夜宵，又有精美、营养丰富的午餐和晚餐；每天4个营业高峰时段，平均每张桌子日营业收入可达350～700元，盈利丰厚可观，两个月即可收回成本。有意者请来电联系，欢迎加盟我们的连锁店。

第三部分

说明：第33到第42题，在这部分试题中，你将听到几段比较长的对话或讲话。每段只播放一遍。请你一边听一边根据试卷上的提问从ABCD四个选项中选出最恰当的答案。答案请涂在答卷上。好，现在我们开始做第33到第35题。

第33到第35题的问题是：

第33题：男士是谁？

第34题：要找的人什么时候回来？

第35题：男士为了什么事情打电话？

这三个问题是根据下面这段对话：

女：喂，您好，北京新友贸易有限公司。

男：你好，请问张卫平经理在吗？

女：张经理有事出去了，您是哪位？

男：我是先科公司销售部的杜民清，他什么时候能回来？

女：他上午去见客户了，要到两点才能回来。他回来要他给您回电话吗？

男：我下午一点要参加一个会议，有一件事麻烦你告诉张经理。

女：您请说，我记一下。

男：麻烦转告张经理，请他把修改后的合同文本传真给我们公司，如果能达成一致，我们希望能尽快签字。

女：还有别的吗？

男：没有了，谢谢你！

女：不用客气。

第36到第38题的问题是：

第36题：女士的公司是什么时候成立的？

第37题：为什么电子商务800BUY经营得很好？

第38题：电子商务800BUY主要经营什么？

这三个问题是根据下面这段采访：

主持人：大家好。我们这期节目邀请到的是炎黄新星集团CEO张毅女士。张总，欢迎你！

张　毅：大家好！我简单把炎黄新星的情况跟大家介绍一下，1999年我从美国华尔街回来在中国成立炎黄新星集团，现在集团下面有3大业务块，包括网络游戏、世模公司、电子商务800BUY，目前公司已成长为在IT行业非常有影响力的企业。

主持人：现在这三块业务，你更看好哪一块？

张　毅：网络游戏是我们今年刚刚加进来的，刚刚投资，是今年发展最快的业务。电子商务800BUY经过三年的运营，在这个领域里面是遥遥领先。整体上来讲，游戏可能是增长最快的，电子商务其次。

主持人：从整个行业来看，很多网站经营出现了困难，特别是综合性的电子商务网站，而炎黄新星800BUY反而经营得很好，你认为这是什么原因？

张　毅：种类少，但是单款销售量大，这样的专业电子商务网站在中国更有市场，主要是专业化分工的原因。每个产品都有不同的特征，供应商、渠道和用户群都不一样，所以定位能专的时候，往往受到顾客的欢迎，整个销售过程也比较顺畅。800BUY目前做礼品这一块，主要吸引愿意向情人、亲朋好友送礼的人。另外，供应商也非常喜欢看到一个清晰的模式，他会给你提供很丰富的礼品产品资源，并且他会根据你的需求进行量身订做。我们从美国引入的几款化妆品都在市场取得了非常好的效应，最近引入了一款美国专利产品爱丽美容笔，拿到中国不到两个礼拜时间，就销售了几千只，也创了亚洲记录，这在很大程度是基于供应商对公司的认知。

第 39 到第 42 题的问题是：

第 39 题：政府将通过什么方式推广节能建筑？

第 40 题：中国现在需要进行节能改造的建筑占多大比例？

第 41 题：推行节能建筑的最大阻力是什么？

第 42 题：不执行节能标准的设计者，最严重会受到什么样的处罚？

这四个问题是根据下面这段新闻：

昨天在国务院新闻办公室举行的"中国建筑节能与绿色建筑"新闻发布会上，建设部副部长仇保兴表示，政府将通过减免税来推动绿色建筑和节能建筑的推广，"凡是从现在开始开发出来的房子，如果没有验明节能效率，将不准上市销售。"

"十一五"期间，中国新建建筑将全面实行节能50%的设计标准。仇保兴表示，全国现在约有400亿平方米既有的建筑，经他粗略估计后，目前约有三分之一需要进行节能改造。如果每平方米建筑改造费用是200元钱的话，就是26000亿元。也就说明既有建筑的改造不仅能够节约能源，而且也可以促进消费，带动产业结构的调整。

"一个采暖季节如果能够执行50%的节能标准的话，100平方米的建筑可以节约1吨多煤。如果中国能在2020年达到预期目标，节约的煤就有3.05亿吨标准煤。"仇保兴说，"这3.05亿吨的标准煤相当于整个英国能源的总消耗。"

"在推行节能建筑过程中，一个巨大的阻力，就是节能建筑的成本要提高5%到8%，每平方米要增加100到200多元，这个成本怎么收回？谁来负担？"仇保兴说，"一是用户节约的这些能源，可以收回投资，而且一般来讲5年就可以收回。二是政府通过减免税来推动绿色建筑和节能建筑的推广。要推行这样一个制度，重要的是节能建筑要认证。从现在开始，预售证上面必须写明建筑的节能率达到多少。"

仇保兴还指出，建设部对不执行节能标准的设计师、设计单位要给予最高50万元的处罚，情节严重的还要禁止经营。对于不能执行标准的施工企业，建设部将在每年的建筑节能例行检查中披露"黑名单"，并作为当地领导的主要政绩考核内容。

第四部分

说明：第43到第50题，在这部分试题中，你将听到几段对话或讲话。每段只播放一遍。请你一边听一边在横道上填写数字或汉字。

例如：你在试卷上看到王刚的简单情况，其中年龄和专业是空着的，里面标有题号。

你听到：

男：我叫王刚，今年24岁，南方工业大学毕业，专业是计算机。

你应该在第46题后面写"24"，在第47题后面写"计算机"。答案请写在答卷上。好，现在我们开始做第43到第45题。

第43到45题，一位男士打电话订火车票，接电话的工作人员边听边做记录。下面是电话录音：

女：喂，你好！蓝天票务中心。

男：你好！我想订三张12号去沈阳的火车票，T16次。

女：硬座还是卧铺？

男：三张硬卧。

女：好的，我重复一遍：12号北京到沈阳T16次三张硬卧车票。

男：没错儿。

女：请您留一下姓名、电话和送票地址，我们会在发车前5天和您联系。

男：我姓孔，"孔子"的"孔"，叫孔力军，"努力"的"力"，"军队"的"军"。

女：请您稍等一下，孔-力-军先生，您的电话是……

男：8671—2403。

女：8—6—7—1—2—4—0—3。

男：我住在和平小区3号楼310，你们把票送到那儿就行。

女：好的。我们会给您打电话的，再见！

男：谢谢，再见！

第46到第47题，一对夫妻打算买液晶电视，正在谈论价格。下面是他们的对话录音：

男：现在液晶电视的价格跌得真厉害，你看这款37英寸的一个月前还卖5万，现在只卖38 000了，我们也去买一台吧，家里那台旧的早就该淘汰了。

女：38 000还便宜呀，你要是买等离子的，这些钱可以买一台50英寸的了。

男：现在等离子电视已经过时了，市场上就流行液晶的。

女：买液晶的也不能买这么贵的，你看这个牌子的35英寸只卖22 000，多划算呀。
男：它的生产商你连听都没听说过，买了能放心吗？不要说22 000，就是12 000我也不买。

第48到第50题是根据下面一段讲话，讲的是虚拟企业的问题：

20世纪90年代以来，市场竞争越来越激烈，虚拟企业就是适应新时期竞争要求而产生的。虚拟企业指的是通过信息网络将拥有的若干企业的相应资源集成起来而形成的网络化分布式动态组织。它具有以下特点：

（1）市场机遇的快速应变性。虚拟企业能够快速地聚集实现市场机遇所需的资源，从而实现该市场机遇。这种快速应变性，使虚拟企业不仅能适应可以预见的市场变化，也可以适应未来不可预知的市场环境。

（2）资源的互补性。虚拟企业的各个成员组织为虚拟企业贡献出各自的优势资源，共同构成实现市场机遇所需的所有资源，形成优势资源互补的统一体，产生强大的资源优势和竞争优势。

（3）对信息技术的依赖性。虚拟企业的形成基础是企业网络，其成员通过信息网络联系在一起，没有信息技术的支持，各成员便不能进行及时的沟通与交流。

听力考试到此结束。

商务汉语考试（听·读）模拟试卷（四）答案

一、听力

1. C	2. B	3. A	4. B	5. A
6. C	7. B	8. C	9. B	10. A
11. C	12. A	13. A	14. C	15. D
16. D	17. B	18. C	19. D	20. A
21. B	22. C	23. D	24. C	25. A
26. C	27. B	28. B	29. A	30. A
31. C	32. A	33. B	34. D	35. C
36. D	37. B	38. A	39. A	40. B
41. B	42. B			

43. 硬卧　　44. 孔力军　　45. 8671—2403　　46. 38 000
47. 22 000　　48. 机遇　　49. 资源　　50. 信息技术

二、阅读

51. B	52. B	53. A	54. D	55. D
56. D	57. C	58. D	59. D	60. B
61. B	62. D	63. C	64. D	65. D
66. B	67. A	68. B	69. D	70. C
71. B	72. A	73. B	74. B	75. A
76. D	77. C	78. C	79. C	80. B
81. C	82. B	83. A	84. D	85. C
86. A	87. B	88. C	89. B	90. D
91. C	92. B	93. D	94. A	

95. 红富士苹果　　96. 125 000元　　97. 2006年9月1日　　98. 50 000元
99. 10 000元　　100. 北京市仲裁委员会

商务汉语考试（说·写）模拟试卷（四）

商务汉语考试

（口语）

试　卷

注 意 事 项

一、口语考试共两道题，10 分钟。

二、请注意听录音，按照录音中考官的指令回答问题并进行口语考试。

三、口语考试结束后，请检查录音是否录上。

中国　北京　　　　　　　　　　　　　　中国国家汉语国际推广领导小组办公室

第一题：

你的朋友想买数码照相机，请你给他推荐一款，要求说明：
1. 品牌和型号
2. 大概价格
3. 推荐原因

时间：准备1分30秒；说1分钟。

第二题：

你的朋友毕业后工作一年了，在买房还是租房这个问题上拿不定主意，想听听你的看法，请你向他说明：
1. 买房的有利与不利因素
2. 租房的有利与不利因素
3. 你的建议

时间：准备2分30秒；说2分钟。

商务汉语考试（口语）答卷（磁带卡）

商务汉语考试（口语）答卷

姓名 _____

国籍 _____

序号 _____

中国　北京　　　　中国国家汉语国际推广领导小组办公室

商务汉语考试（口语）模拟试卷（四）引导语录音文本

说明：引导语录音是事先录制的，包括考官的提问、说明及情景录音。口语考试开始后，考官和考生的声音都将依次录在考生的录音带或电脑的语音文件上。

考官：你好！请问，你叫什么名字？（空2—3秒）

考官：你是哪国人？（空3—4秒）

考官：你的序号是多少？（空4—5秒）

考官：好，现在请撕开口语试卷的密封条，看试题。（空3—4秒）口语考试一共有两个题目。第一题是：

你的朋友想买一部数码照相机，让你帮他参谋一下，请你给他推荐一款适合他使用的，要求说明：1. 品牌和型号；2. 大概价格；3. 推荐原因。现在准备一下，准备时间是1分30秒。

（1分30秒时）

考官：准备时间结束。现在听情景录音，然后回答。说这段话的时间是1分钟。

情景录音：

朋友：我想买一部数码相机，你比较了解行情，能给我推荐一款吗？

（1分钟空白时间。在结束前10秒时，有提示音。）

（规定时间到）

考官：第一题考试结束，现在考第二题。第二题是：

你的朋友毕业后工作一年了，一直租房住，最近他打算买房子，可是又拿不定主意，想听听你的看法，请你向他说明：1. 买房的有利与不利因素；2. 租房的有利与不利因素；3. 你的建议。现在准备一下，准备时间是2分30秒。

（2分30秒时）

考官：准备时间结束。现在听情景录音，然后回答。说这段话的时间是2分钟。

情景录音：

朋友：这一年多来我都是租房子住，很多人说租房不如买房，我也不知道该怎么办了，想听听你的意见。

（2分钟空白时间。在结束前15秒，有提示音。）

考官：（规定时间到）口语考试到此结束，谢谢你的合作。

商务汉语考试
（写作）

试 卷

第一题：

下图是2006年前8个月中国外贸统计表：

2006年1—8月份中国对外贸易统计表		
	数额（单位：亿美元）	同比增长（%）
进出口总值	11046.1	23.9
外贸进口	5996.3	25.9
外贸出口	5049.8	21.6
一般贸易进出口	4764.6	24.6
加工贸易进出口	5170.8	21.8

请写一篇短文：
- 对前8个月中国的对外贸易情况进行说明。

要求：80—120字。

第二题：

你是一家茶叶公司的市场部经理，最近收到了代理商广州安园茶叶公司经理杨世广的信，投诉茶叶质量下降，请你给代理商写一封信，要求：
- 表示歉意
- 解释出现问题的原因
- 提出解决问题的办法
- 表明希望继续合作的愿望

要求：250字以上。使用书信体。

商务汉语考试（写作）答卷

姓名 _____

国籍 _____

序号 _____

考 试 要 求

一、考试内容：两篇文章

二、考试时间：40分钟

三、书写要求：用汉字书写（可以用繁体字）。每个汉字及标点符号占一个格。

中国 北京　　　　　　　　　　中国国家汉语国际推广领导小组办公室　监制

第1页

第一题

80字

120字

第二题

100字

第 2 页

200 字

260 字

商务汉语考试　　　　　　　　　　　　　　　　　　　　15 × 20 = 300

商务汉语考试（说·写）模拟试卷（四）参考答案

口　语

第一题：

　　我推荐你买联想S300，价格大概在2500元左右。我认识的几个朋友都在用，评价都很不错，虽然不是高档机型，但是也有录像功能，超薄机型设计非常轻巧，携带很方便，在同价格的相机中是性价比比较高的。我觉得很适合你用。

第二题：

　　租房好还是买房好很难说清楚。房子买了以后就是自己的财产了，是一种投资方法，而且有一种稳定感。不好的地方就是一次要投入比较多的钱，现在房价很高，即使贷款也要交20%的首付，不是个小数目；另外如果买了房子以后想去别的城市发展会受到很大限制。相比较来说，租房子的好处就是想搬家就搬家，来去自由，房租也不会高得难以承受；但是房租都交给了房东，感觉像是在为房东打工。根据你目前的情况，我建议你这两年先不要买房，一是刚工作还没有多少钱，二是未来的发展还不确定，过几年再说吧。

写 作

第一题：

　　从这份表格可以看出，2006年1—8月份，中国外贸进出口总值为11 046.1亿美元，同比增长23.9%。其中进口和出口总额分别为5996.3、5049.8亿美元，分别增长了25.9%、21.6%。一般贸易进出口总值为4764.6亿美元，同比增长24.6%；加工贸易总值为5170.8亿美元，同比增长21.8%。

第二题：

> 广州安园茶叶公司杨世广经理：
>
> 　　您好！首先请允许我代表本公司对这次出现的问题表示真诚的歉意！
>
> 　　接到您的来信后，我们公司非常重视，马上着手调查。原来是公司的一名员工玩忽职守，错把二级龙井茶当作特级品发给了贵公司。本公司对产品质量非常重视，所生产的茶叶均经过严格检验，从未出现过质量问题。这次事故虽然出现在销售环节，并非茶叶本身的问题，但是仍严重损害了本公司的声誉和形象，给贵公司造成了巨大的经济损失，对此公司上下均感到非常抱歉。
>
> 　　针对出现的问题，我们愿意根据合同相关条款的规定承担一切责任、赔偿贵公司的一切损失。我们两家公司多年来一直合作得非常愉快，我们希望不要因为这次事故而影响已经建立起来的良好关系。我们一定吸取教训，对生产、销售各个环节加强管理，确保类似事件不再发生。为了表示我们的诚意，本公司特意准备了相同数量的特级龙井茶，如果贵公司愿意订购，我们将在上次价格的基础上优惠20%，运输费用由我方承担，尽量补偿贵公司的损失，使之减少到最低限度，不知道贵公司意下如何？盼复。
>
> 　　　　顺颂
>
> 大安！
>
> 　　　　　　　　　　　　　　　杭州十里香茶叶有限公司市场部经理　周安东
> 　　　　　　　　　　　　　　　　　　　　　2006.6.10